马克思主义简明读本

恩格斯的一生

丛书主编：韩喜平

本书著者：于姗姗　何锴琦

编　委　会：韩喜平　邵彦敏　吴宏政
　　　　　　王为全　罗克全　张中国
　　　　　　王　颖　石　英　里光年

吉林出版集团股份有限公司

图书在版编目（CIP）数据

恩格斯的一生 / 于姗姗，何锴琦著. -- 长春：吉林出版集团股份有限公司，2012.12（2019.2重印）

（马克思主义简明读本）

ISBN 978-7-5534-1150-7

Ⅰ.①恩… Ⅱ.①于… ②何… Ⅲ.①恩格斯，F.（1820~1895）—传记—青年读物②恩格斯，F.（1820~1895）—传记—少年读物 Ⅳ.①A721-49

中国版本图书馆CIP数据核字(2012)第291632号

恩格斯的一生
ENGESI DE YISHENG

丛书主编：	韩喜平
本书著者：	于姗姗　何锴琦
项目策划：	范中华　徐树武
责任编辑：	陈　曲　尹　磊
出　　版：	吉林出版集团股份有限公司
发　　行：	吉林出版集团社科图书有限公司
电　　话：	0431-86012746
印　　刷：	北京一鑫印务有限责任公司
开　　本：	710mm×960mm　1/16
字　　数：	100千字
印　　张：	12
版　　次：	2012年12月第1版
印　　次：	2019年2月第3次印刷
书　　号：	ISBN 978-7-5534-1150-7
定　　价：	29.70元

如发现印装质量问题，影响阅读，请与出版方联系调换。0431-86012746

序　言

习近平总书记指出，青年最富有朝气、最富有梦想，青年兴则国家兴，青年强则国家强。青年是民族的未来，"中国梦"是我们的，更是青年一代的，实现中华民族伟大复兴的"中国梦"需要依靠广大青年的不断努力。

要提高青年人的理论素养。理论是科学化、系统化、观念化的复杂知识体系，也是认识问题、分析问题、解决问题的思想方法和工作方法。青年正处于世界观、方法论形成的关键时期，特别是在知识爆炸、文化快餐消费盛行的今天，如果能够静下心来学习一点理论知识，对于提高他们分析问题、辨别是非的能力有着很大的帮助。

要提高青年人的政治理论素养。青年是祖国的未来，是社会主义的建设者和接班人。党的十八大报告指出，回首近代以来中国波澜壮阔的历史，展望中华民族充满希望的未来，我们得出一个坚定的结论——实现中华民族伟大复兴，必须坚定不移地走中国特色社会主义道路。要建立青年人对中国特色社会主义的道路自信、理论自信、制度自信，就必须要对他们进行马克思主义理论教育，特别是中国特色社会主义理论体系教育。

要提高青年人的创新能力。创新是推动民族进步和社会发展的不竭动力，培养青年人的创新能力是全社会的重要职责。但创新从来都是继承与发展的统一，它需要知识的积淀，需要理论素养的提升。马克思主义理论是人类社会最为重大的理论创新，系统地学习马克思主义理论有助于青年人创新能力的提升。

要培养青年人的远大志向。"一个民族只有拥有那些关注天空的人，这个民族才有希望。如果一个民族只是关心眼下脚下的事情，这个民族是没有未来的。"马克思主义是关注人类自由与解放的理论，是胸怀世界、关注人类的理论，青年人志存高远，奋发有为，应该学会用马克思主义理论武装自己，胸怀世界，关注人类。

正是基于以上几点考虑，我们编写了这套《马克思主义简明读本》系列丛书，以便更全面地展示马克思主义理论基础知识。希望青年朋友们通过学习，能够切实收到成效。

韩喜平
2013年8月

目 录

引 言 / 001

第一章 资本家的叛逆之子 / 003

第一节 显赫的家庭背景 / 004

第二节 格格不入：恩格斯与父亲老弗里德里希 / 005

第三节 感情深厚：恩格斯与母亲伊丽莎白 / 007

第四节 爱恨交织：恩格斯与弟弟妹妹 / 010

第五节 美好回忆：恩格斯与外祖父 / 012

第二章 中学肄业的"百科全书" / 014

第一节 以肄业告终的读书经历 / 014

第二节 培养全方面的艺术才能 / 016

第三节 广泛的业余爱好 / 024

第三章　坚持献身争取自由和进步的事业 / 027

第一节　丢掉"乌培河谷时代的信仰" / 027
第二节　普鲁士王国的炮兵 / 034
第三节　柏林大学的旁听生 / 035
第四节　批判谢林的"奥斯渥特" / 037

第四章　真正投身革命实践活动 / 040

第一节　亲近青年黑格尔派的进步青年 / 040
第二节　远离青年黑格尔派的唯物主义者 / 041
第三节　较有影响力的共产主义战士 / 044

第五章　批判经济学范畴的天才大纲 / 053

第一节　以"向欧洲大陆报道英国情况"为己任 / 053
第二节　《政治经济学批判大纲》问世 / 055

第六章　伟人之间的引力 / 061

第一节　相识前的描述 / 061
第二节　青年时代的马克思 / 063
第三节　态度冷淡的初次会面 / 064
第四节　历史性的巴黎会面 / 066

第七章　马克思与恩格斯的友谊 / 069

第一节　精神和物质上的彼此帮助 / 069

第二节　伟大友谊的考验 / 076

第三节　伟大友谊的密码 / 077

第八章　对军事了如指掌的"将军" / 080

第一节　料事如神的军事天才 / 080

第二节　刻苦钻研军事理论 / 082

第三节　军事理论创作不断问世 / 083

第四节　对中国人民解放斗争的关注 / 085

第五节　知识渊博的匿名军事家 / 087

第九章　为革命事业忍耐"鬼商业" / 090

第一节　红色的资本家 / 090

第二节　"鬼商业"下的双重身份 / 091

第三节　为友谊提供源源不断的资金 / 093

第四节　坦然面对外界误解 / 094

第五节　重获自由与解放 / 095

第六节　20年通信联络 / 096

第十章　恩格斯和白恩士姐妹的爱情 / 098

第一节　第一任妻子玛丽·白恩士 / 098
第二节　第二任妻子莉希·白恩士 / 101

第十一章　为共产主义事业而奋斗 / 104

第一节　世界观的转变 / 104
第二节　《政治经济学批判大纲》发表 / 105
第三节　与马克思共同创作第一部著作——《神圣家族》/ 106
第四节　恩格斯的传世之作出版 / 108
第五节　引发哈哈大笑的著作——《德意志意识形态》/ 109
第六节　恩格斯早年召集三次讨论共产主义问题的集会 / 110
第七节　恩格斯组建共产主义小组 / 111
第八节　共产主义者同盟的建立 / 112
第九节　恩格斯受到反动政府通缉 / 115
第十节　一位工人对马克思、恩格斯的印象 / 116

第十二章　恩格斯的葬礼 / 118

知识链接 / 120

引　言

"如果马克思有时间，他一定会写一篇关于他的精神上的孪生兄弟、我们的弗里德里希·恩格斯的传记。"

"这就是弗里德里希·恩格斯——一个和马克思思想旗鼓相当的人，卡尔·马克思的第二个'我'。"

——摘自李卜克内西《我景仰的人》

这里所提及的弗里德里希·恩格斯（1820—1895）就是本书的主人公，马克思主义的创始人之一，德国思想家、哲学家、革命家，全世界无产阶级和劳动人民的伟大导师，马克思的挚友。

列宁说，马克思和恩格斯之间"超越了古人所有关于友谊的最动人的传说"。在他们为了共同的信念和理想并肩战斗的40年中，为在经济上资助贫困的马克思，使其能专心致力于革命理论研究，恩格斯甚至违背自己的意愿，到他父亲的公司中经商，甘当"第二提琴手"的角色。在马克思逝世后，他又帮助马克思完成了传世之作《资本论》的创作,并且领导了国际工人运动。

从某种意义上说,没有恩格斯就没有马克思。弗里德里希·恩格斯,用他有限的生命绘制了一个不平凡的轨迹,绽放在人类文明的浩瀚星空中。

第一章 资本家的叛逆之子

1820年11月28日，德国普鲁士邦莱茵省巴门市，离乌培河不远的布鲁赫街区800号，一幢带花园的宽敞的三层楼房里，伴随着一声响亮的婴儿的啼哭，一个男孩儿降生于世，他就是弗里德里希·恩格斯。老弗里德里希和他心地善良的妻子就这样迎来了他们的第一个孩子，他们都为此感到幸福，但他们并没想到，这个男孩比随后出生的7个弟弟妹妹们中的任何一个都让老弗里德里希头疼。虽然有着慈祥的母亲，活泼可爱的弟妹，富裕丰盈的物质生活条件，但这个"彻头彻尾基督教的、普鲁士的家庭"仍然让已经懂事的小恩格斯感到十分苦闷，他渴望摆脱家庭的束缚，骑着骏马，驰骋在广阔的天地里。

第一节　显赫的家庭背景

恩格斯的家族是巴门市当地的名门望族，带有普鲁士贵族血统。"卡斯帕尔·恩格斯父子公司"是乌珀塔尔新兴工业的台柱。恩格斯的祖先是地道的日耳曼人，他们从16世纪以来就定居在乌珀塔尔地区，祖辈都是庄稼人。从18世纪后半叶起，恩格斯的曾祖父约翰·卡斯帕尔·恩格斯白手起家，创办了一家纺织工厂。经过不断努力，到他去世时，已经成为当地最大的企业之一。

到了恩格斯的祖父小约翰·卡斯帕尔时，不仅增加了父亲留下的财富，还大大提高了家族的声望和社会地位。他曾经被法国人正式委任为市政府顾问，后来在普鲁士当政时还担任过当地的市政顾问官，而且还是巴门合并教区的几个创立人之一。

到恩格斯的父亲老弗里德里希时，公司规模进一步扩大，在乌珀塔尔和英国的曼彻斯特创办了欧门—恩格斯纺纱厂。当然纺织厂之间的竞争异常激烈，不过老弗里德里希精明干练、头脑敏锐、果断大胆，他十分熟悉国内外的市场情况，在工厂管理方面也有他自己的思路和方法。欧门—恩格斯纺纱厂像一个巨大的发动机，为恩格斯的家庭提供富足的物质生活，这让恩格斯和他的兄弟姐妹们度过了无忧无虑的童年和少年。

莱茵省是资本主义大工业进军德国市场后占领的第一个地方。当德国的其他地方还被手工业、手工劳动所笼罩的时候，莱茵省已经出现了第一批机器，工厂也如雨后春笋般地逐渐多了起来。19世纪30年代，巴门和爱北斐特有近200家中小型工厂，纺织工业很发达，丝棉织品远销国内外。巴门和爱北斐特所在的乌培河谷享有"德国的曼彻斯特"之称。

由于家境殷实，恩格斯家族建有5所住房。如今，坐落在德国著名工业中心鲁尔区乌珀塔尔市巴门恩格斯大街的恩格斯故居，是他少年时期的住所。恩格斯诞辰150周年时，市政府决定将这幢小楼改建为博物馆。而他于1820年11月28日出生的房屋已经在第二次世界大战中毁于战火。

第二节　格格不入：恩格斯与父亲老弗里德里希

一、严厉而专制的父亲

老弗里德里希这位严肃的工厂主是位虔诚的基督教徒，曾经担任教区负责人和教会学校校长，因而在很多方面他都严格遵循着他的专制原则。在家里，他像一位性情急躁的"暴君"，坚持对恩格斯及弟弟妹妹们进行虔诚主义教育，并经常对他们严厉训斥，要求他们无条件地服从他的命令，还不断向他们灌输"要永远最盲目地、无条件地相信圣经，相信圣经教义、教会教义以至于每一个传教士的特殊教义之间的一致性"的思想。

恩格斯的全家，包括他的善良、慈爱但性格软弱的母亲在内，在这位专制"暴君"面前都是战战兢兢的，不敢有任何违逆的言论，但是这一局面并没有一直持续下去，随着恩格斯年龄的增长，局势发生了微妙的变化。

二、父子之间的隔阂

由于恩格斯是家里的长子，所以父亲对其管教更为严格。但是老弗里德里希的专制暴虐和恩格斯的独立机警难以相容，恩格斯越来越不愿意接受父亲那毫无道理、愚昧落后的管教和束缚，因而父亲和儿子之间的感情裂痕不断显现。

求知欲旺盛、性格刚强的恩格斯在早年就显示了他的机智、聪明和独立思考的能力，这使得他在噤若寒蝉、礼教森严、严肃专制的家庭中看上去像个"丑小鸭"。

而对恩格斯的种种表现，他的父亲老弗里德里希一方面暴跳如雷，一方面则忧心忡忡。在一封偶然保存下来的恩格斯父母间的通信中流露出了父亲对恩格斯的忧虑。老弗里德里希在信中写道："上星期弗里德里希（恩格斯）的学习成绩是平平的。你知道，他在表面上看来已规矩了些，但是过去一切严厉的惩罚显然都不能使他慑于恐惧而完全听话。今天他又使我为他担忧：我在他的抽屉里发现了一本肮脏的书,这是一本从图书馆借来的关于13世纪游侠故事的小说,值得注意的是,他把这类书籍摆在书柜里且满不在乎。愿上帝保佑他吧!总的说来,他是个好孩子,但我总为他担心,怕他堕落。他固然有一切美好的品质,但到目前为止,我还发现他有些意志薄弱和思想上的浮泛,这使我深为不安。"

为了加强对恩格斯的管教,使他不受到任何坏思想的侵袭,老弗里德里希把他送到爱北斐特中学校长汉契克博士家里寄宿,过上了与外界隔绝的生活。

第三节 感情深厚:恩格斯与母亲伊丽莎白

一、温婉而多才的母亲

恩格斯的母亲伊丽莎白于1797年出生在德国哈姆的一个语言学的教师家庭里,她喜欢音乐和文学,具有较高的文化修养,心地高尚,性格开朗。

1819年,伊丽莎白同老弗里德里希结婚,一生共生育了8个子女。在婚后的生活中,伊丽莎白仍保有少女时的温婉,对丈夫的专制一直都是采取妥协的态度。

伊丽莎白不是戏剧中描绘的超凡的"圣母",而是一位平平常常的母亲。像世界上无数位母亲一样，她把全部心血都倾注到了下一代身上，把自己的幸福同儿女的成长紧紧地联系在一起。恩格斯20岁生日的时候，她送给儿子一套被虔诚主义者视为"邪书"的《歌德全集》，同老弗里德里希的保守思想形成了鲜明的对比。

二、母子之间的深情

恩格斯继承了母亲开朗、乐观的性格和对音乐、文学的热爱。后来，在生活的途程中碰到困难时，恩格斯更是多次得到母亲的关怀和帮助。出于对母亲的爱，恩格斯有时不得不对专横的父亲做出一些让步。

少年时期，恩格斯到不莱梅学习商业，在他给妹妹玛丽亚的信中说"要经常不断地，大约每隔三两天就提醒一下妈妈，请她在圣诞节把歌德的作品寄给我"。恩格斯的母亲伊丽莎白总是及时地满足儿子的读书要求。

青年时期的恩格斯因不满意父亲对他去工厂经商的安排，愤然离家。离家之后，母子仍然相互思念。恩格斯遇到困难时，总是会想起母亲，并向其倾诉。伊丽莎白更是常常为恩格斯的健康、安全和生活出路操心。

1848年革命爆发后，恩格斯到了巴黎。伊丽莎白生怕巴黎再次发生暴力事件殃及恩格斯的生命安全，每天都担惊受怕。她听说儿子缺钱，便赶忙给儿子写信，她在信中写道："望你来信告诉我，应该怎样把钱寄给你。"并且催促儿子尽快回到德国。

当伊丽莎白看到反动派当局缉捕出逃的恩格斯的通缉令时，她焦虑万分，多方打听儿子的下落。最后，当她得知恩格斯的落脚之处后，便立即写信并寄去恩格斯急需的钱。她关怀恩格斯的饥寒温饱，叮嘱他要懂得照顾自己。伊丽莎白在信中写道："请你给自己买一件暖和的外衣吧，天气很快就会变得更冷，这样你就不至于没有衣服穿了。你还该置备一条衬裤和一件睡衣，以便万一受凉时也可以有几件暖和的衣服。"

但是，恩格斯和母亲伊丽莎白之间也存有分歧。伊丽莎白长期生活在资产阶级家庭和宗教环境中，因此她希望恩格斯也能成为一名虔诚的宗教徒和受资产阶级社会敬重的企业家。但是，恩格斯却选择了另外一条道路，他要成为一个彻底的唯物主义者和坚定的共产主义者。伊丽莎白无论如何也无法理解恩格斯的想法，她不明白为什么恩格斯要选择被资产阶级社会视为叛逆的路。

1871年，巴黎公社失败后，她写信责备恩格斯。1871年10月，恩格斯写信答复母亲，在信中恩格斯细致地、婉转地向母亲解释说，她所能得到的消息只是资产阶级报刊传播的谣言，而她所知道的许多历史事实都被渲染得面目狰狞，十分可怕，可是后来都被证实了是捏造的假象。恩格斯说："亲爱的妈妈，我希望你在报纸上读到这些捏造的罪行时，会记起这些，这样你对1871年的人们也会怀有好感。"

尽管伊丽莎白不理解或者不赞同恩格斯的政治观点，但是30多年来，她清楚地看到，儿子有奋勇捍卫自己的信念并愿意为之献身的品格。仅此一点，就是身为母亲的骄傲。恩格斯再次向母亲说："我要不是这样，你反而应该为我感到惭愧。"

恩格斯不因政治见解与母亲不同，而无视母子感情，也不因母子的感情深厚，而放弃自己的政治信念。恩格斯深深地爱着自己的母亲，更深深地爱着自己为之奋斗的崇高事业。

第四节　爱恨交织：恩格斯与弟弟妹妹

一、充满乐趣的童年

作为父母的长子，恩格斯对弟弟妹妹们十分关心。他最喜欢妹妹玛丽亚。在不莱梅和柏林的时候，他经常给玛丽亚写信，告诉她许多新鲜的事情，并鼓励她学习外文、剑术和音乐——"好好地练习演奏贝多芬的奏鸣曲和交响曲"。

在另一封写给玛丽亚的信中，他对年少的弟妹们作了有趣的评论："我很关心的是你在曼海姆成长的情况，像从前一样，照例是一只又瘦又蠢的小鸡呢，还是有了新的狂妄念头？安娜有时也作起古怪的诗来，这时她就会大发傻劲，每隔三个词就要有一句：呵，糟糕！海尔曼身上颇有疑病患者的素质，他可以整天无动于衷地坐着，撅着嘴，一言不发。如果他突然大怒起来，就完全不可遏制。埃米尔还是喜欢胡搅蛮缠。海德维希除了有点固执，没有什么脾气。鲁道夫与海尔曼的个性属于同一种类型，半天在幻想，半天在做蠢事。他最大的乐趣就是让我给他一把轻剑，然后再从他手里把剑打下来。小爱利莎将来会出人头地，可是眼下还什么也不是。她生性和蔼可亲，终将胜过你们大家。"

二、遗产纠纷事件

恩格斯的父亲老弗里德里希死后留下了一笔价值可观的遗产，作为长子的恩格斯也拥有一份继承权。可是，在处理这笔遗产时，恩格斯的三个弟弟却毫无理由地要求大哥放弃继承权。

面对这场遗产纠纷，恩格斯首先想到的是父亲去世以后身患重病的母亲。为了减轻母亲的烦恼，他毅然决定向弟弟们让步，放弃了自己应有的继承权。因此，遗产纠纷很快就解决了，年迈重病的母亲得到了精神上的安慰，在医生的精心治疗下，又活了十多个年头。

就在恩格斯放弃遗产继承权一年之后，母亲接到他的来信，他在信中说："亲爱的妈妈，为了您，我克制住了这一切以及许多其他事情。世上的任何东西都丝毫不能使我让您在晚年因家庭遗产纠纷而黯伤……我绝不让这样的问题再来烦扰您，惊动您。我还会有成百个别的企业，但是我永远不会有另一个母亲。"在这感人肺腑的字里行间，跳动着的是一颗热爱母亲的炽热的心。

第五节　美好回忆：恩格斯与外祖父

恩格斯的外祖父格哈特·伯恩哈德·哈尔是一位慈祥而又博学多才的老人，他十分喜爱聪明好学的外孙恩格斯，童年的恩格斯经常到外祖父家里。曾担任中学校长的外祖父知识渊博，诲人不倦，老人除了经常给外孙辅导作业，传授知识外，还给他讲过许许多多古希腊的神话和德国民间流传的英雄人物的故事，这对童年和少年时代的恩格斯产生了很大影响。恩格斯对外祖父有着十分深厚的感情。1833年新年来临之际，13岁的恩格斯写了一首献给外祖父的充满真挚感情的贺年诗，深深表达了对老人的敬爱和祝愿。诗这样写道：

我亲爱的外祖父，您待我们总是那样亲切慈祥，

每当事情不顺利，您总是给我们指点帮忙，

您给我们讲过多少动听的故事，

从克尔基昂、提修斯到百眼哨兵阿尔古斯，

从明诺托尔、阿莉阿德尼和投海而死的爱琴，

到金羊毛、约逊和亚尔古船英雄，

您讲过强悍的海格立斯，以及同他一道的丹纳士和卡德摩斯，

我记不住您一共给我们讲了多少！

外祖父，祝您新年幸福，

长寿，愉快，无忧无虑，

愿您吉祥如意，万事亨通——

这是爱您的孙儿衷心的祝愿。

第二章 中学肄业的"百科全书"

恩格斯在刻板专制的父亲老弗里德里希那里得到的评价是"意志薄弱和思想浮泛",而这实际上是恩格斯对宗教礼数的反抗。恩格斯还在孩童时代就已经具有独立思考的能力,如今又扩大了获取科学知识的强烈愿望,力图突破周围那种伪善的环境。

第一节 以肄业告终的读书经历

14岁的恩格斯就读于巴门市立学校。当时,恩格斯的出生地——乌培河谷广泛流行着宗教虔诚主义,这种意识形态浸透到社会生活的各个方面。一些教会学校,除了教学生朗读、书写和计算以外,就只向学生灌输宗教意识和教义问答,其他学校虽然略有差别,但情况也好不了多少。

巴门市立学校同样受到宗教虔诚主义的影响。学校从虔诚派教徒中挑选教员，这些教员带着对宗教的膜拜之情开展日常教学活动，将宗教意识渗透给学生们，阻挠学生们接触和学习其他方面的知识。

有一次，一个四年级学生问老师："歌德是谁？"作为虔诚派教徒的老师回答说："是一个不信神的人！"在这样的学校学习，学生们的精神和智力的发展都受到了严重束缚。恩格斯对这样不自由的环境感到十分厌恶，他把这样的学校叫作"监狱"。

当然，学校里也有一些学识渊博的教员。他们带给恩格斯的新鲜知识和理念是他在这所学校中唯一的安慰。

恩格斯学习非常努力，他喜欢自然科学，在中学时就掌握了许多物理、化学等自然科学的知识。此外，他还广泛阅读书籍，同时推荐给身边的人看。

按照恩格斯的打算，中学毕业以后上大学要专门研究经济学和法学。但是1834年秋天，在恩格斯的父亲老弗里德里希的坚持下，为了让恩格斯接受与世隔绝的"正统"教育，恩格斯被转学到离家较远的爱北斐特理科中学。爱北斐特理科中学的前身是一所于1592年创立的文科中学，这所学校开设的课程较多，教学质量较高，被公认为普鲁士最好的学校之一。在这里一批优秀教师的指导下，恩格斯获得了扎实的科学文化知识。

中学时代的恩格斯学习认真刻苦、聪慧活泼、多才多艺，尤其是文学水平和写作能力的提高更为明显。他的《中学肄业证书》中这样评价道："作文，特别是最后一年，在全面发展方面获得可喜的进步；作文具有良好的、独立的思想，而且大都组织得当；叙述均有依据，表达富有准确性。恩格斯对德国民族文学史和德国古典作家的著作表现了值得嘉许的兴趣。"同时，在学习和掌握自然科学知识方面，恩格斯的理解力也很强。《中学肄业证书》中这样说："在数学方面，总的说来，恩格斯掌握的知识是令人满意的，理解力很强，善于清楚明确地表达自己的思想。"在哲学基础知识方面，恩格斯有兴趣倾听实验心理学的课程，并有一定成效。

1837年9月，恩格斯在中学毕业的前一年，弃学经商。爱北斐特中学代理校长汉契克博士对这个"在宗教信仰、心地纯洁、品德高尚以及其他优良品质方面有突出表现"的年轻人选择商业而放弃深造表示惋惜。这样，年仅17岁的恩格斯，一位聪明认真、对知识充满渴望的优秀学生不得不以"肄业"的方式彻底告别了自己的学生时代。

第二节 培养全方面的艺术才能

恩格斯被迫离开中学后，先在他父亲的营业所里工作了一年，之后又被送到不莱梅的一个更巨大的贸易公司工作，主要负责收发和抄写公司往来的信件、检验出口货物的样品等。恩格斯十分讨厌这样的工作和生活。

但是，营业所的工作并不能限制年轻的恩格斯。经商对他毫无引诱力。他把工作以外自由支配的时间用来进一步提高自己。就在那时，他便开始展现出令人惊异的极强工作能力、善于合理地利用时间和安排自己生活的能力。

每天清晨，在上营业所以前，恩格斯就已经在读书了。他写信给朋友时这样说："在春光明媚的早晨，坐在花园里，含着一支烟斗，让太阳烤着脊背，再也没有比在这样情况下读书更愉快的了。"

一、酷爱文学作品

欣赏文艺作品是恩格斯精神生活中不可或缺的一部分，这一爱好一直跟随他一生。恩格斯在一个当时流行的名叫"自白"的游戏中"您最喜欢的诗人"和"您最喜爱的散文家"这两个问题时说："最喜欢的诗人——'狐狸莱涅克'（指歌德）、莎士比亚、阿里欧托斯等；最喜爱的散文家——歌德、莱辛、扎梅耳松博士。"

他广泛阅读世界名著。恩格斯喜欢埃斯库罗斯、阿里斯托芬、歌德、席勒、莱辛、海涅、荷马、但丁、塞万提斯、莎士比亚、狄德罗、伏尔泰、卢梭、巴尔扎克等名家的作品，对内容都了如指掌。在民间文学、民歌民谣等读物方面，恩格斯对民歌有特殊的爱好，并在著作中多次引用。

恩格斯在1883年卧床养病的日子里，除了巴尔扎克的作品以外，别的几乎什么都没有看。他说："我从这个卓越的老头子那里得到了极大的满足。这里有1815年到1848年的法国历史，比所有沃拉贝尔、卡普菲格、路易·勃朗之流的作品中所包含的内容多得多。在他的富有诗意的裁判中有多么了不起的革命辩证法！"

二、擅长音乐和美术

恩格斯的艺术才能不仅表现在对文学的爱好和研究上，在音乐和绘画方面他也有很深的造诣和浓厚的兴趣。在恩格斯看来，下班后到歌咏团去唱一会儿歌，或者上歌剧院听听音乐，是一种愉快的享受。莫扎特的《魔笛》使他陶醉，贝多芬的《命运交响曲》使他着迷。恩格斯曾在报刊上发表文章评述当地丰富多彩的音乐生活，同时也尖锐地批评那种没有旋律、没有和声、呆板无味的作品。他有时还会动手谱曲。

在各地旅行时，恩格斯也要高兴地唱歌抒发胸怀。65岁的恩格斯对40年前的"宪章派"的歌曲还记忆犹新。1894年，恩格斯虽然已经74岁高龄，却还和朋友们去参加在伦敦举行的杰出德国音乐家亨德尔的纪念会，兴致勃勃地欣赏亨德尔的《弥赛亚》等名曲。

美术也给恩格斯的业余生活增添了无穷的乐趣。他非常喜欢欣赏拉斐尔、达芬奇的绘画，赞美米开朗基罗和托尔瓦德森的雕塑。

恩格斯还经常亲自动手作画。他擅长素描，在恩格斯的青年时代，亲友们经常可以从他的信上看到他画的肖像、风景素描以及引人发笑的漫画。不莱梅的风光、威悉河边的船夫，施拉赫德街上的马车夫，还有酿酒师、击剑手、传教士……都是他挥笔作画的对象。这些栩栩如生的图画，生动地反应了当地的风土人情。

1847年5月，恩格斯画了一幅讽刺画。在画中，恩格斯刻画了资产阶级的虚伪嘴脸。这幅讽刺画作在《德意志——布鲁塞尔报》的附页发表后，受到了读者的热烈欢迎，且再版一次。

1893年，恩格斯凭记忆绘制了一幅素描，这幅素描的构图洗练、笔法流畅，惟妙惟肖地再现了36年前去世的德国哲学家、无政府主义思想家麦克斯·施蒂纳的形象。

三、惊人的语言天赋

在读中学的时候，恩格斯就十分喜爱外语，并认真学习了拉丁语、希腊语、法语。他通过阅读和翻译原文著作掌握外语词汇和语法知识，教师对他的学习成绩作了很好地评价。他通晓法语，能熟练地翻译法语古典著作。中学时期学到的外语知识，为他日后继续学习外语打下了良好的基础。

1838年秋天，恩格斯按照父亲的意图到不莱梅的商行当实习生。不莱梅是德国北部城市，位于威悉河下游。这是一个十分繁华的商业城市，是德国最大的商港之一，与世界许多国家和地区都有贸易往来。就是这个国际港口的城市，为具有语言天赋的恩格斯提供了学习各国语言的良机。

在工作中，恩格斯每天都要处理大量来自世界各国的商业信函，在港口接触各国操不同语言的商人和船员，这有利于他学习和掌握多种外语。更使恩格斯高兴的是，在这里有来自英国、法国、荷兰、西班牙、意大利等国的报刊和各种文学、政治、哲学书籍，通过钻研，他很快就掌握了多种外语。

恩格斯在写给妹妹玛利亚的一封信中说，这时他已懂得了25种语言。在一封写给威廉·格雷培的信中，他曾使用了希腊文、拉丁文、英文、意大利文、西班牙文、葡萄牙文、法文、荷兰文以及德文9种文字。

同时他对各种语言的特点作了十分生动而形象地描述：意大利语像风一样温柔流畅；西班牙语仿佛是林间的清风；葡萄牙语宛如拍击着鲜花盛开的海岸的细浪；法语仿佛是哗哗的小溪湍急地奔流；英语是一座雄伟的勇士纪念碑；荷兰语如同烟斗里冒出的一缕香烟，使人感到舒适安逸；德语听起来好似汹涌澎湃的拍岸浪潮，撞击着彼岸四季如春的珊瑚岛。凭借着外语工具，恩格斯如饥似渴地学习各种知识，努力用人类优秀的文化成果充实着自己，从中汲取着智慧和力量。

四、最喜爱诗歌

恩格斯最喜爱的是诗歌。他之所以勉强同意到商行工作，除了父命难违之外，他还可能圆了自己当诗人的梦。事实上，他早在少年时就尝试过写诗。现在，他在实际生活中接触到各种各样的矛盾：宗教与理性、封建专制与民主要求、大腹便便的有产阶级与骨瘦如柴的雇工，这些都触动着他青春的激情。他决心以诗歌、小说为武器，"把那些埋没在教堂和地牢的基石下、但在坚硬的地壳下敲击着、力求解放的精灵揭示出来"。

在最初写作的《贝都英人》、《佛罗里达》、《刀枪不入的齐格弗里特》等诗篇中，恩格斯表达了对笼罩着德国土地的封建专制的不满和对自由的向往。恩格斯借助诗歌表达自己勇往直前地摆脱传统束缚，寻求真理和自由的决心：

　　你们可曾听到，给我骏马和宝剑！
　　那要什么头盔和铠甲？
　　岂用侍从卫队后拥前呼？
　　我要的只是勇敢的思想。
　　汹涌的山泉飞泻而下，
　　喧腾地穿越山间林谷，

松树在它面前轰然倒下,

它却独自开拓前进的道路。

我愿像这股山泉,

为自己冲出一条道路勇往直前。

在创作于1836年的一首诗篇里,16岁的恩格斯热烈地赞扬了德意志文学名著中的英雄退尔、齐格弗里特、浮士德和阿基里斯。他们不畏强暴、追求光明与自由,以及为人类而献身的精神,在恩格斯心灵深处引起了强烈的共鸣。他充满激情地写道:

有许多美丽的形象,在远处招呼,

犹如繁星点点,透过云雾,

给我们送来亮光,优美柔和。

他们越走越近——我已经认出来了,

这是退尔,手拿弯弓,

那是齐格弗里特,他降服过巨龙,

执拗的浮士德也来了,

阿基里斯当先锋,

光荣的布尔昂的哥特弗里德,

号召骑士们战斗要英勇。

瞧!——兄弟们,请不要笑——

还有那英雄唐·吉诃德,

骑着一匹骏马,

到处厮杀。

这支队伍来了,又消失了,

只留下一片闪闪的金光,

啊,怎样才能把他们挽留?

又有谁能把他们赶上?

诗一般的梦幻,

还会重新出现,

当你再次看见他们,

欢乐充满心田。

1838年9月16日,恩格斯将自己的处女诗《贝都英人》发表在《不莱梅杂谈》杂志上。在诗中,恩格斯通过对阿拉伯游牧民族贝都英人命运的变化的描写,表达了自己对自由的渴望。恩格斯写道:

沙漠之子骄傲而自由,

到这儿来为诸位解闷,

他们的豪情和自由,

恰似春梦无痕。

……

他们跳舞是为了挣钱,

不是为了自然的迫切要求,

无怪乎你们目光黯淡,默默无言,

只有一个人歌声哀哀。

处女诗表明，恩格斯同情贝都英人的不幸，衷心希望他们重返大沙漠，再现沙漠之子的雄风，找回失去的自由。

第三节　广泛的业余爱好

恩格斯一生才华出众，多才多艺。平时，恩格斯虽惜时如金，但他认为，参加必要的业余活动，既可以开阔眼界，增长见识，又可得到娱乐和休息。生活得到调节，才能以健康的体魄和充沛的精力去从事学习和工作。除了文学、音乐、绘画、诗歌等，他还积极参加体育活动。骑马、击剑和游泳等都是他喜爱的运动项目，很多爱好都一直保持到晚年。

一、游泳

恩格斯在不莱梅当办事员期间，常去威悉河游泳。他游泳的兴致很高，即使有点感冒、咳嗽，也仍然坚持下水。在宽敞的威悉河中，他能横渡四个来回。

后来，在英国居住期间，恩格斯仍然保持着游泳的习惯，他把海水浴作为治疗疾病的一种有效方法。

1872年，第一国际在荷兰海牙召开的代表大会闭幕后，恩格斯同马克思随着代表们到海牙附近的避暑胜地共进午餐。午饭前，大家到海滨去游泳。50多岁的马克思和恩格斯笑迎大海的万顷碧波，神采奕奕，英姿勃勃。

二、骑马

骑马是恩格斯终生喜爱的一项运动。在不莱梅工作时，一到星期日，他和朋友们就从商人那里租来马匹，驰骋在乡间小路上，尽情享受乡村的清新空气和秀丽景色。这样既锻炼了身体，又熟悉了农村生活。在曼彻斯特时，每逢节假日，他就骑着高头大马，在广阔的原野上策马驰骋。

1857年12月31日，他告诉马克思："星期六我去猎狐，骑了7个钟头的马。这样的活动往往会使我一连兴奋好几天。这是我所知道的最好的体育娱乐。"

1858年2月11日，恩格斯又对马克思说："昨天我骑马跳过五英尺多高的围墙，这是我跳得最高的一次。要能轻松地做这样的操练没有十分健康的肢体是不行的。"他还补充说："骑马是我至少已经达到中等成绩的唯一的体育项目，而且在行猎追捕的过程中危险恰恰很小，以至于它具有不可克服的诱惑力。"

恩格斯也是一个出色的猎手，他是曼彻斯特狩猎协会的会员，有一匹专门为猎狐而准备的马。按照英国习俗，时常有人邀请他参加猎狐活动，在猛烈追逐逃窜的野兽的时候，恩格斯总是一马当先，疾驰似箭，壕沟、篱笆、土坎等障碍物都毫不在意，狡猾的狐狸也很难从他的马前逃走。

三、旅游

恩格斯风趣地说过:"海上旅行对我是绝妙的良药。"他的足迹遍布欧洲的山山水水。在不莱梅当办事员期间,他曾做过一次长途旅行:从不莱梅启程,南下汉诺威,经过威斯特发里亚到达科布伦茨,然后沿莱茵河顺流而下进入荷兰境内,在鹿特丹西渡加来海峡,达到英国首都伦敦,再从伦敦乘火车到利物浦。这次旅行使恩格斯大开眼界,第一次接触到了现代资本主义的文明。他后来两次到爱尔兰考察,南至意大利,北至瑞典、挪威、丹麦。1893年,恩格斯到德国、瑞士和奥地利做了最后一次长途旅行。途中,他游览了风光秀丽的苏黎世湖,在碧波粼粼的湖上轻歌荡桨;饱览了伯尔尼南方高原的优美景色;参观了柏林、维也纳的市容,为后来的成长积累了丰富的阅历和经验。

第三章　坚持献身争取自由和进步的事业

第一节　丢掉"乌培河谷时代的信仰"

在不莱梅期间，恩格斯经历了深刻的思想斗争，摆脱了家庭、学校和社会所带来的宗教影响，丢掉了儿时的"乌培河谷时代的信仰"，逐渐成为无神论者，并对圣经和宗教进行了批判。

一、思想上的对抗

资本主义工业发展的灾难，在巴门和爱北斐特随处可见。机器工业摧毁了手工作坊和家庭工业，把大批手工工人抛向街头。工厂工人工资低微，劳动条件极其恶劣。乌培河谷的资产阶级为了同占绝对优势的英国工厂主竞争，对雇佣工人进行极其残酷的剥削。许多工人遭受肉体和精神的双重折磨，甚至死于肺结核。

资本家为了榨取更多利润，大量雇用童工。仅爱北斐特一地，2500名学龄儿童中就有1200名未能上学，最小的童工年仅6岁。

严重的环境污染迅速蔓延。乌培河这条狭窄的河流，时而徐徐向前蠕动，时而泛起它那红色的波浪，急速地奔过烟雾弥漫的工厂建筑和棉纱遍布的漂白工厂。然而它那鲜红的颜色并不是来自某个流血的战场……也不是源于人们为道德败坏而感到的羞愧，而只是来自染坊。

无论乌培河谷还是不莱梅，到处都盛行着虔诚主义。那些有钱有势的达官巨贾，都以拯救者的面目出现，但这并不能掩饰他们进行残酷剥削和压迫的事实。很显然，宗教这种套在劳动人民身上的精神枷锁，目的是掩盖资本主义的剥削罪恶。

从小生长在这样的环境下，活生生的事实引起恩格斯的愤怒和深思。他逐渐认识到，基督教本质上就是为少数人的利益服务的，所谓拯救人类的说教，完全是欺人之谈。年轻的恩格斯仔细地观察了劳动者的生活，他这样写道："那些平民，他们什么都没有，但是在一个国王统治的国家中，他们是最好的。"

恩格斯的内心斗争，在他给友人格雷培兄弟的信中有极明显的反映。恩格斯做出了这样的结论：圣经中有不可解决的矛盾，而且要使科学和宗教调和是不可能的，于是他就坚决地和传统决裂，和他的家庭与朋友的世界观决裂。

大卫·施特劳斯的《耶稣传》对于恩格斯彻底和宗教决裂起

了极大的作用。这本书是1835年出版的，施特劳斯在这本书里否定了福音书中的基督的存在并证明福音书的内容是神话，是最初的基督教团体的创作物。在1839年10月8日给威·格雷培的信中，恩格斯说，他已成了"狂热的施特劳斯信徒"，在施特劳斯的影响下，他的信仰"显得像海绵一样漏洞百出"。抛弃基督教的这件"约束疯人的紧身衣"，恩格斯感到自己获得了解放。他努力要得出一种新的世界观来代替"乌培河谷时代的信仰"，于是他开始更多地考虑政治问题。这时候，童年时代的那些印象过去了，代之而起的是一个聪明、天赋极高、勇敢而敏锐的青年人的观察和深思。当时的社会环境给这种观察和深思提供了丰富的材料，对年轻的恩格斯的观点的形成起了巨大的影响。

恩格斯世界观和政治观点形成的时候，正是西欧许多国家阶级斗争尖锐化的时期。1830年法国的七月革命就是这个斗争史上的转折点。虽然这一革命产生的实际结果对法国来说只是大财政家和大证券交易者的君主政体代替了贵族的君主政体，但是这次革命的雷声却响彻了整个欧洲。

二、学习进步观念

法国七月革命的消息引起了经济上落后、政治上分裂的德国的某些地区人民的骚动。但是，德国各邦政府很快就镇定下来，并加倍猖狂地镇压对政治稍有不满的人们。死一样的沉寂似乎又重新笼罩着德国。但是警察的任何迫害都已经压制不住人民的不满情绪。

恩格斯在1840年1月21日给弗里德里希·格雷培的信中说："由于施特劳斯，我现在已经走在直接通往黑格尔学说的路上了。"他说他每天晚上都怀着强烈的兴趣阅读黑格尔的"历史哲学"。

但是，恩格斯自己认为，他不能成为一个"根深蒂固的黑格尔派"。黑格尔的学说和黑格尔左派信徒们的思想都不能使他完全满意，因为他们局限在哲学问题和宗教问题中，远远地脱离了生活，脱离了实践，脱离了政治。在恩格斯看来"争取自由和权利的伟大战士"路德维希·白尔尼的思想正好弥补了这个缺陷。

19岁的恩格斯具有政治积极性和革命情绪。他幻想那"旧世界完全毁灭"的一刻的到来，渴望"生活的顶峰——建立功勋"。

恩格斯的一些诗是在《德意志电讯》杂志上发表的，这个杂志是在海涅和白尔尼影响下的激进文学团体"青年德意志"的机关刊物。虽然这个团体在思想上还没有成熟，而且它的政治观点还模糊不清，但是它那种使作家接近社会生活、使文学服务于政治的为办刊目标却吸引着恩格斯。当然这并没有妨碍恩格斯对"青年德意志"的作家和诗人采取批判的态度。恩格斯嘲笑这个团体的代表人物在讲话的时候额上总爱现出"悲观厌世的皱纹",他们的作品充满了凄惨的音调和悲观的情绪。这种情绪与恩格斯不相容的。尽管德国的"现在"暗淡无光,但是恩格斯并没有失去锐气,他为即将来临的斗争欢呼,对胜利满怀信心。

三、拿起政治家的笔杆

恩格斯感到苦恼的是他未能用无可非难的诗的形式来表达自己的思想,因此他逐渐放下了诗人的"竖琴",而是拿起了政论家的笔杆。

恩格斯用"弗·奥斯渥特"的笔名在《德意志电讯》上发表的论文,给读者留下了更深的印象。例如《乌培河谷来信》就掀起了一股怒潮。有些乌培河谷人乱加猜测,谁也没有想到其作者是一个巴门厂主家的"少爷"。

恩格斯是一个热烈的革命民主主义者。从当时的书信和论文中已经可以看到年轻的恩格斯对君主政体和那些犯罪的暴君是如何切齿的痛恨,同时也可以看到他那雄伟的革命气概。他在给朋友的信中写道:"哪一个时代都没有比1816年—1830年间国王所犯的罪行更多的了。几乎那时的每一个君主都应该处以死刑。"他怀着仇恨和鄙视的心情描述普鲁士国王弗里德里希—威廉三世为"最无用、最可恶、最该死的国王"。他结束这封信时惊叹道:"呵,我能够告诉你许多关于君主爱臣民的趣事。只有对那嘴巴被人民打得噼啪作响、宫廷里的玻璃如数为革命所粉碎的君主，我才能希望他办些好事。"

当然，恩格斯没有可能如此公开地在报刊上发表自己的政治观点，但在他的论文中为反对君主政体、等级制度、贵族特权以及地主和官僚的横暴进行着斗争。

写于1839年的《德意志的七月的日子》一诗中，恩格斯预言法国七月革命的风暴将在德国重演，人民推翻暴君的斗争即将兴起，国君的宝座已经摇动：

狂风卷起千堆浪，暴风雨袭来，狂烈凶猛！

怒海波涛如人立，小舟逐浪，起伏颤动。

旋风从莱茵河呼啸而来，把乌云聚集在天空，

它摧裂橡树，扬起尘柱，推波助澜澎湃奔腾。

我在颠簸的小舟中不由得想到你们——德意志各邦君主！

忍辱负重的人民曾经肩负着你们高踞的黄金宝座，

胜利地走遍祖国大地，赶走了冒险的征服者；

就在那时，你们胆大妄为，你们背弃了一切诺言。

现在，暴风雨从法兰西向我们袭来，人民群众此伏彼起，

你们的宝座和小舟在暴风雨中飘摇，你们的权杖即将落地。

四、与等级制度和贵族特权决裂

恩格斯嘲弄那些炫耀自己家世的达官显贵："每一寸骨肉都是贵族的，每一滴血液都是64对门当户对的婚姻的结晶，每一瞥

都是挑战！"他尖刻地批评了封建的土地所有制，并预见君主体所要面临的危机。为了对抗等级制度和贵族特权，恩格斯宣布了"没有任何等级，只有伟大的、统一的、平等的国民国家！"的口号。

恩格斯在他的许多论文中都提出了德国资产阶级革命的基本任务——把当时经济上和政治上四分五裂的、由38个大大小小的邦组成的德国统一起来。恩格斯写道："当我们祖国还处于四分五裂的状态时，我们在政治上就等于零，社会生活、正确的主义、出版自由以及我们的其他一切要求就只会是一个注定了不能彻底实现的善良的愿望。"

恩格斯在为建立一个统一的民主的德国而斗争时，反对了普鲁士攫取统治权的企图。他认为历史的洪流必然会冲毁"保守的普鲁士堤坝"。

由于恩格斯丢掉了"乌培河谷时代的信仰"，他和他以前在学校时的朋友之间就产生了裂痕，而这些政治观点使这一裂痕更加深了。那些为恩格斯的政治观点吓坏了的朋友们试图"开导"他，但是遭到了他的严厉驳斥和嘲笑。

恩格斯在1840年11月20日给威廉·格雷培的信中写道："为什么你，一个在政治上昏睡不醒的人，要责难我的政治信仰呢？如果让你在你那个村教区过安安静静的生活——要知道，更高的目的你是不会有的——并使你能每晚和牧师的夫人和孩子们散散步,那你就会沉溺于安乐而不再想到胆敢非议现存制度的恶棍恩格斯了。呵,好一个英雄的后裔!"

这是恩格斯写给他在学校时的朋友们的最后的信。他感觉到,在居留不莱梅的两年多的时间内,在他和他的朋友们之间存在着一条鸿沟。两年多来恩格斯经历了一番内心的斗争,前进了一大步。

第二节　普鲁士王国的炮兵

1841年春天,恩格斯为了服兵役回到了乌培河谷。虽然可以花钱免服兵役,但是恩格斯却愿意去接受锻炼。他选择柏林作为服兵役的地点。普鲁士首都虽然是一个枯燥的政府机关所在地,但是在这个城市里却有让恩格斯牵挂的柏林大学。

1841年秋,21岁的恩格斯在德国柏林,正式向近卫军炮兵旅司令部报到,开始了为期一年的士兵生涯。

柏林当时共有15座兵营,恩格斯被编在库弗尔格班广场兵营,在第12近卫炮兵连当兵。按照普鲁士王国军队有关短期服役的规定,像恩格斯这样的一年制义务兵,制服和膳宿费要自理,并要付一定的养马费和粮草费,这部分费用自然是由恩格斯的父亲支付。由于这一规定,也使一年制义务兵享有一定的特权,即可以"自选住处,公家付款",并可以有一个勤务兵。

他在这里亲身体验了普鲁士军事操练的一切"妙处",并因此获得了真正的好处,他仔细地研究了军事,并很快地成了一名炮手。自从恩格斯在库弗尔格拉班附近的兵营中受训时起,军事科学就成了他喜爱的一门课业。

当时,普鲁士军队的军事训练是十分严格的,每天白天操练队列、联系射击、学习射炮。夜间有时还有紧急集合或夜行军。由于训练成绩较好,半年后,恩格斯被提升为下士炮手,他穿的制服镶着金边和金带,衣领是蓝色红边。服役期满时,恩格斯得到了上尉连长冯·韦德尔签发的"服役期间品德和执勤均表现优异"的品行证书。

一年的军事训练和学习,对恩格斯来说是极为宝贵的经历。一年中,他掌握了十分丰富的军事科学知识,为他以后深入研究军事理论和军事史,成为马克思主义军事科学理论的创立者奠定了初步的基础。

第三节　柏林大学的旁听生

柏林最著名的地方——柏林大学,是德国学术活动的中心,也是争夺德国舆论统治权和政治统治权的重要阵地。这里有许多著名的教授,代表着各种不同的政治和学术派别,"任何大学都没有像它那样屹立于当代的思想运动之中并且像它那样使自己成为思想斗争的舞台。"

为了了解各种派别的政治和学术观点，对当代的各种倾向进行比较，21岁的志愿兵恩格斯以旁听生的身份走进柏林大学的讲堂，听一些著名教授的讲课。

1841年11月15日，柏林大学第六讲堂座无虚席。人数众多的不同社会地位、不同民族、不同信仰的代表聚集一堂。人们使用德语、法语、英语、匈牙利语、波兰语、俄语、现代希腊语和土耳其语交谈，人声嘈杂。在许多大学名流、科学大师、年迈的博士、自成一派的大人物和胡须花白的高级军官中间，坐着一位兴致勃勃的年轻志愿兵，这就是恩格斯。讲台上，谢林正在口若悬河地讲授他的启示哲学。恩格斯用心听讲，仔细地做着记录。当谢林肆无忌惮地对自己青年时代的老友、杜宾根神学院的同窗黑格尔大加攻击的时候，恩格斯下定决心，"要替伟大的死者应战"。颇有威望的老教授做梦也想不到，几个星期后，正是这个不被人们注意的旁听生，把他的讲演批驳得体无完肤，向他提出了严厉的挑战。

恩格斯还听了黑格尔的学生马尔海奈凯教授反对谢林的讲演。恩格斯对马尔海奈凯教授报以热烈的欢呼，并且十分赞赏这位身材结实、相貌严肃的教授的讲课艺术。恩格斯写道，马尔海奈凯讲课时，"举止落落大方，没有那种埋头念讲稿的学究气，也没有戏剧性的、故作姿态的手势；他的态度像年轻人那样豪爽，目光专注地望着听众；他讲得很平静，庄重，慢条斯理而又流畅通达，平铺直叙而又极富有深刻的思想，这些思想一个接着一个涌出来，后一个比前一个更能准确地击中目标。马尔海奈凯在讲台上以其充满信心、坚定不移、尊严庄重，同时也以自己的整个气质所焕发的自由思想而令人肃然起敬。"

第四节 批判谢林的"奥斯渥特"

谢林（1775—1854），出生于德国牧师家庭。他15岁上大学，23岁当上教授，并成为当时盛行一时的"浪漫派"运动的哲学指导者和"自然哲学"的创始人。青年时期的谢林，富有革命朝气。他早期的著作较集中地体现和反映了德国资产阶级希望改变封建关系的革命要求。但从1809年起，谢林抛弃了先前激进的革命观点，堕落成为封建专制制度的辩护士；在哲学上他成为宗教神秘主义的"天启哲学"的鼓吹者，成为资产阶级民主革命的死敌。

1841年12月，恩格斯就用"弗·奥斯渥特"的笔名在《德意志电讯》上发表了他的论文《谢林论黑格尔》；约在1842年3月间，他的没有署名的小册子《谢林和启示》出版了，随后很快又出版了第二本同样没有署名的小册子《谢林——基督的哲学家，或变人间智慧为神的智慧》。恩格斯的所有这些著作都对谢林的反动唯心主义做了深刻的批判。恩格斯指出，谢林对黑格尔的攻击和污蔑是徒劳的，是不能得逞的。"黑格尔哲学仍然活在讲坛上、文献中，活在青年中间。它知道，迄今为止对它的一切攻击，无损于它的一根毫毛；它镇定自若地继续沿着自己内在发展的道路前进。它的敌人日益愤怒和加紧活动，这就证明，它对国民的影响正在迅速增长，而谢林则使几乎所有的听众都感到不满意。"

尽管谢林当时依然是哲学上的一个庞然大物，恩格斯却毫无畏惧，仍满怀战斗激情地说："我们将血战一场，我们将无所畏惧地直视敌人冷酷的眼睛并且战斗到生命的最后一息！难道你们没有看见我们的旗帜在群山之巅飘扬吗？难道你们没有看见我们的同志的刀剑在闪闪发光，没有看见他们战盔的翎毛在悠悠颤动！他们的队伍从四面八方开来，在号角声中，他们唱着战歌从谷地，从群山向我们涌来。伟大的决胜的日子，各族人民战斗的日子来临了，胜利必将属于我们！"

1842年初，当谢林即将结束在柏林大学的讲演之际，恩格斯的三部论著就像三发射向谢林的重磅炮弹，使谢林遭到了沉重的打击。

恩格斯的哲学著作充满了战斗的、革命的精神，充满了实际的、政治的性质。恩格斯知道，这不是在和谢林做纯粹的哲学上的争论，而是在向普鲁士君主政体的支柱——保守主义、伪善和宗教黑暗势力开火。这些阐明哲学问题的论文已经预示着革命风暴的来临。年轻的恩格斯为革命欢呼并用以下的战斗号召结束他的小册子《谢林和启示》：

"我们将斗争和流血，我们将无畏地直视敌人的愤怒的眼睛并战斗到最后一息。难道你们没有看到我们的旗帜在山顶飘扬？难道你们没有看到同志们的刀剑在闪烁，钢盔在发光？他们的队伍从四面八方逼近，他们从平原奔向我们，他们在歌声和乐声中走下山岗。伟大的决定性的日子，各民族战斗的日子已日益接近。胜利一定属于我们！"

只有极少数人知道这些把著名的哲学家谢林批评得体无完肤的著作不是出自某个"博学之士"之手，而是出自昨天的不莱梅的办事员和今天的志愿兵——炮手恩格斯之手。

9月30日，恩格斯的兵役期满了，他回到巴门。此时的他已然不是当初的欧门——恩格斯纺纱厂厂主的长子了，他已经同过去的信仰完全决裂，并准备迎接崭新的人生道路。

第四章　真正投身革命实践活动

第一节　亲近青年黑格尔派的进步青年

　　柏林是青年黑格尔派的活动中心。恩格斯在柏林期间，积极参加青年黑格尔派博士俱乐部的活动，结识了著名的青年黑格尔派理论家布鲁诺·鲍威尔、麦克斯·施蒂纳、弗里德里希·科本以及埃德加尔·鲍威尔、爱德华·梅因、路德维希·布尔等。博士俱乐部的成员，十分赏识热情奔放、勤奋好学、思路敏捷、笔锋锐利的恩格斯，热烈赞扬他批判谢林的战斗檄文。

　　当时这些青年黑格尔分子是批判神学、批判宗教、批判反动国君的激进分子。恩格斯与埃德加尔·鲍威尔合写的《横遭灾祸但又奇迹般地得救的圣经，或信仰的胜利》诗篇中，对这些人进行了讽刺性的描述，充分表达了蔑视和嘲笑。

许多年以后,恩格斯在回忆这段历史时写道:"这部书的解放作用,只有亲身体验过的人才能想象得到。那时大家都很兴奋,我们一时都成为费尔巴哈派了。"

第二节 远离青年黑格尔派的唯物主义者

青年黑格尔派虽然在资产阶级民主革命运动的初期起过一定的进步作用,但是带有明显的德国资产阶级的软弱性和反动性。他们在哲学上坚持唯心主义,宣扬"精神创造众生";在政治上美化普鲁士王朝,鼓吹与封建统治阶级妥协。正当德国资产阶级革命日益迫近的时候,青年黑格尔派却动摇、倒退。因此,恩格斯参加青年黑格尔派的活动不久,就与他们分道扬镳了。

促使恩格斯与青年黑格尔派发生分歧的原因是他这时已逐渐摆脱了黑格尔唯心主义,并转向了唯物主义。在柏林的时候,他积极研究哲学,大量阅读18世纪法国唯物主义者的著作。1841年,德国古典哲学的杰出代表、唯物主义哲学家路德维希·费尔巴哈的主要著作《基督教的本质》出版了。费尔巴哈指出,自然界是不依赖任何哲学而存在的;在自然界和人之外不存在任何东西;不是上帝创造人,而是人按照自己的形象创造上帝;上帝不过是人的本质的虚幻的反映,上帝的本质就是人的本质。恩格斯认真研读了这部著作,心灵受到极大震撼,开始逐步向唯物主义靠拢。

为了榨取更多的剩余价值,资本家们大量雇佣廉价的童工和女工。1839年,年龄在18岁以下的童工和成年女工占全部工人的3/4。资本家不放过任何一个可以剥削的劳动者。在当时的情况下,即使是童工和女工,也不得不在极端恶劣的条件下从事繁重的劳动。

英国宪章运动的领袖和杰出诗人艾内斯特·琼斯在《工厂城》一诗中,对资本主义工厂制度作了深刻的揭露:

> 工厂放出可怕的火焰,
>
> 它胸中怀着密封的地狱;
>
> 伊特那的怒火已经消散,
>
> 活人的火山却还喷着。
>
> 男人,女人,儿童在做工,
>
> 被锁在狭小阴暗的地牢;
>
> 当今的刑台——车轮飞动,
>
> 生命之线飞快地断掉。
>
> 天上的星星看着也发怔,
>
> 烟雾弥漫,机器怒吼;
>
> 这城市就像热锅沸腾,
>
> 煮沸的毒水横溢四流。
>
> 在那发臭的围墙里面,

生命与死亡纠成一团；

工人和工人肩并着肩，

血肉与钢铁进行殊死战。

车轮发出沉闷的噪音，

厂里的空气沉重又闷人；

力量在哀鸣，工人在呻吟，

还有人们绝望的叹息声。

尘土飞舞在他们的周围，

那苍白、干裂、发热的嘴唇；

梭子不停地穿去又穿来，

苦工葬送了短促的生命。

半裸的童工浑身打战，

空气炎热，心头冰冷；

成年人萎缩的肌肉发颤，

听那机器可怖的吼声。

女工们痛苦的心灵狂跳，

想到孩子们受折磨真苦恼；

那财神伸出红色的魔掌，

把她们天生的智慧灭掉。

听啊，这不见血的屠宰场，

不时传来绝望的哀号：

"啊，给我一滴水喝吧！"

逐渐地，恩格斯与青年黑格尔派在政治上的分歧也越来越明显。在写于1842年10月的《普鲁士国王弗里德里希——威廉四世》一文中，恩格斯十分明确地揭示了反对封建专制制度的必然性。这篇刚劲有力、击中要害的文章，远胜于青年黑格尔派那些不着边际和软弱无力的空洞议论。

恩格斯于1842年10月服役期满离开柏林，结束了革命活动的第一阶段。迎接这位22岁年轻人的将是更加波澜壮阔的新生活和意义重大的新战斗。

第三节 较有影响力的共产主义战士

一、走进英国生活的深处

1842年雾气弥漫的11月的一天，恩格斯从德国巴门来到英国曼彻斯特。在英国生活的两年，是恩格斯革命历程的转折点。正是在这里，他完成了从唯心主义到唯物主义、从革命民主主义到共产主义的转变，并成长为共产主义战士。

恩格斯到曼彻斯特后，进入他父亲与人合股经营的欧门—恩格斯棉纺厂办事处工作。像在不莱梅一样，他对经商毫无兴趣。

唯一使他感兴趣的是"走进英国生活的深处",了解这个资本主义典型国家的真情实况,认识现状,展望未来。

曼彻斯特为恩格斯提供了仔细观察英国各阶层生活的有利条件。作为英国第二大工业城市,这里是英国工业及其所造成的严重恶果的典型,也是"最坚强的工会的所在地,是宪章运动的中心,是社会主义者最多的地方"。

以大机器工业为主的英国和当时以农业为主的较为落后的德国不同,英国是当时资本主义最发达的国家,贸易、航运和工业在世界首屈一指,没有一个国家在势力和财富上可以与它相匹敌。早在15世纪70年代,英国就开始进行资本原始积累,英国的地主阶级和新兴资产阶级利用国家暴力和社会力量,野蛮地剥夺小生产者的生产资料,为资本主义经济的发展攫取了大量货币资本和自由劳动力。

17世纪中叶,英国资产阶级通过革命取得国家政权,18世纪就爆发了英国产业革命,这样,资本主义在经过简单协作、工场手工业阶段后,进入了大机器工业阶段。19世纪30年代—50年代,英国工业获得长足的发展。从1840年—1850年,蒸汽机总能力增加了1倍以上;从1836年—1848年,铁路长度增加了30倍以上。这时,英国工业产量占世界工业产量的一半,成为"世界工厂"。

英国的工业集中在伦敦、曼彻斯特、格拉斯哥等几个大城市。资本主义发展所造成的灾难，在英国，尤其是在工业发达的大城市，表现得特别明显和突出。活着就是为了赚钱的资产阶级，对无产阶级进行着极端残酷的剥削和压迫。随着英国资本主义的发展和机器的资本主义使用，资产阶级对无产阶级的剥削和压迫有增无减。

资产阶级为了榨取更多的剩余价值，便尽量延长劳动时间。在资本主义工厂中，工人每天劳动时间长达12小时—14小时，有的部门和企业甚至长达16小时—18小时。许多工人为了维持生活，不得不几天几夜连续劳动，甚至没有吃饭和睡觉的时间。他们通过增加工人管理机器的台数、加速机器的运转等方法，迫使工人在规定的劳动时间内付出更多的脑力和体力。例如从1815年—1844年，英国纺纱机的伸张次数增加近两倍，从而使得工人的劳动强度也相应增加。

住在英国的21个月里，恩格斯除了例行公事地到办事处上班外，基本上抛弃了所有的资产阶级的社交活动和宴请。恩格斯非常专心，充满同情地研究了工人的状况，包括他们的生活、观点以及斗争的方式和方法，并且不限于研究书刊和官方文件。恩格斯在附于《英国工人阶级状况》一书前面的《致大不列颠工人阶级》中写道：

"我愿意在你们的住宅中看到你们，观察你们的日常生活，同你们谈谈你们的状况和你们的疾苦，亲眼看看你们反抗你们的压迫者的社会的和政治的统治而进行的斗争。"

恩格斯逛过伦敦、里子、郎卡郡的热闹街道，逛过工人栖身的住宅区。他仔细地考察了曼彻斯特，他在英国的大部分时间都是在那里度过的。

德国诗人格奥尔格·维尔特有时也和恩格斯一起去，他曾写过一本关于英国工人状况的文集，文集的结尾他是这样写的："我就此结束我关于英国无产者的很不完全的报道，所幸现在还有一位优秀的德国哲学家在从事仔细描写英国工人生活的工作，这项工作的重要性是难以估计的。无论怎样，这位哲学家会比我更好地把各种事情逼真地介绍出来，因为他曾长期住在曼彻斯特这个无产阶级的摇篮，他比我有更多的机会去观察工人。"

经过深入调查，恩格斯获得了大量揭露资本主义工厂制度罪恶的实际材料。他指出，资本主义工厂制度，是伪善的隐蔽的奴隶制。农奴的主人是野蛮人，他把农奴看作牲口；工人的老板是文明人，他把工人看作机器。农奴的生存有封建的社会制度作保障，自由的工人没有任何保障，比农奴的情况更坏。资本家毫不关心工人们的疾苦，把他们当作机器。

二、积极结交"真正的人"

到英国不久，恩格斯就同住在这里的德国共产主义者建立了联系。当时伦敦是德国共产主义者创立的正义者同盟的中心之一。同盟团结和组织了流亡国外的德国手工业工人，传播魏特林等空想共产主义理论，讨论各种政治的和社会的问题。

正义者同盟领导成员卡尔·沙佩尔、亨利希·鲍威尔、约瑟夫·莫尔，是恩格斯遇到的第一批德国革命无产者。1843年，恩格斯在伦敦认识这三个"真正的人"：身材魁梧、果断刚毅、时刻准备牺牲生命的沙佩尔；活泼、灵敏又诙谐，在矮小的身体里蕴藏着机警和果断的鲍威尔；天生的外交家，在毅力和决心方面不亚于他的两个同志，而在智慧上胜过他们的莫尔，给年轻的恩格斯留下了终生难忘的良好印象。

深入了解工人阶级的生活，参加工人阶级的斗争和活动，同工人阶级相结合，是恩格斯从革命民主主义转到共产主义的主要原因。正是在曼彻斯特这个工人运动的中心，恩格斯真正认识了无产阶级的特性及其伟大历史使命，从此坚定不移地投身于工人阶级的解放事业。

虽然恩格斯非常关心和积极参加工人组织的活动，但他没有加入任何一个组织。他说：平均主义"想把世界变成工人公社，把文明中间一切精致的东西——科学、美术等，都当作有害的、危险的东西，当作贵族式的奢侈品来消灭掉；这是一种偏见，是他们完全不懂历史和政治经济学的必然结果。"这段批判法国平均主义的话，对魏特林主义同样适用。当时在恩格斯的思想里，一种崭新的共产主义——科学社会主义正在形成。

与此同时，恩格斯还十分重视英国的社会主义运动。他认为，英国、法国和德国的社会现实证明，改变社会结构的革命势在必行，不可避免。各国社会主义者迫切需要互相了解，互相支持。为此，他同英国欧文派社会主义建立了联系。为了让英国社会主义者了解大陆社会主义学说和运动的情况，他特意为欧文派机关报《新道德世界》撰写文章，详尽地介绍法国的圣西门主义、傅立叶主义、巴贝夫共产主义、卡贝的伊加利亚共产主义，勒鲁、乔治·桑、拉梅耐、蒲鲁东等人的学说以及德国和瑞士流行的魏特林共产主义等，并对各种空想理论的成就和缺陷作了中肯的评论。在这篇文章中，恩格斯第一次提到马克思等人（当然也包括他自己）从1842年秋天开始，已经认识到只实行政治变革是不够的，必须实行以废除私有制，建立集体所有制为基础的社会革命，开始从革命民主主义转向共产主义。

恩格斯住在英国的时候正值宪章运动的高潮。从1838年—1842年，宪章运动达到顶点，几十万人参加宪章运动的集会。生活在宪章运动中心的恩格斯，敏锐地认识到，"宪章主义是工人反抗资产阶级的集中表现"，"在宪章主义旗帜下起来反对资产阶级的是整个工人阶级，他们首先向资产阶级的政权进攻，向资产阶级用来保护自己的这道法律围墙进攻"。

左翼的一个领袖哈尼在许多年以后回忆道："当时一个仪

表端正、讲得一口流利英语的年轻人走进了宪章派报纸《北极星报》的编辑部。他自称是《北极星报》的忠实读者，对宪章运动很感兴趣。"这个人就是恩格斯。

恩格斯在《大陆上社会改革运动的进展》一文中讲道，还在1842年秋天，黑格尔的一些左派门徒就已经得出这样的结论：单单进行政治改革是不够的，只有经过基于集体所有制的社会革命，才能建立符合于他们的抽象原则的社会制度。在这些黑格尔左派分子中间，恩格斯也提到了马克思的名字，并且把他自己也算做一个。可见恩格斯在到英国去以前就向共产主义跨出了第一步，可是这种共产主义还是非常不明显的、朦胧的。恩格斯在居留英国的期间终于成了共产主义者。

在英国期间，恩格斯结识了许多工人运动活动家，并给工人们留下了深刻的印象。

德国无产阶级诗人格奥尔格·维尔特是恩格斯的亲密朋友。1843年，维尔特作为一家德国公司的经纪人来到英国布莱得弗德，并很快与恩格斯建立了友谊。一有空闲，他就乘车到曼彻斯特拜访恩格斯，"一同快乐地度过了许多个星期天"。在恩格斯的影响下，维尔特深刻认识到资本主义制度下工人阶级的苦难，写了许多揭露资本主义罪恶的诗篇，并且逐渐接受科学社会主义，成为共产主义战士。他对恩格斯非常敬重，认为恩格斯"真正是一个才智超群的非凡的人物，他日日夜夜集中精力为劳动阶级谋福利"。

三、毫不动摇地站在无产阶级一边

英国社会的阶级构成和统治力量与产业革命前大不相同。名义上，英国实行君主立宪制，国王是最高元首，由贵族组成的上院是仅次于国王的第二个国家权力。

实际上，英国国王是统而不治的人物，王权已经等于零；上院不过是退休的政界人物的养老院，议员的活动是毫无意义的空洞形式，下院和内阁操纵一切，立法过程纯粹是一场滑稽戏。真正统治英国的是财产。财产使贵族能左右农业区和小城市的代表选举，使商人和厂主能影响大城市和部分小城市的代表选举，并使二者能通过行贿加强自己的势力。

无论贵族还是资产者，整个英国上层阶级已萎靡不振。由产业革命引起的生产力的发展和财富的增长，使上层阶级能够轻而易举地得到一切，过着养尊处优的生活。"土地贵族终日打猎，金钱贵族天天记账，顶多也只是看看乏味的颓废的书来充实一下自己的悠闲生活。"

同上层阶级相反，英国无产阶级有着远大前途。他们是产业革命的产物，也是产业革命的受害者。工厂制度把他们集中起来，极端贫困让他们对旧制度的强烈不满，反对资本家的共同要求使他们逐渐形成一股巨大的力量。更为可贵的是，他们有理想、有抱负,许多人孜孜不倦地学习。他们对地质学、天文学及其他科学的知识比某些有教养的德国资产者还要多。恩格斯在曼彻斯特时,经常参加工人们的讲演会和讨论会,倾听普通工人在大厅里十分内行地做政治、宗教和科学等方面的专题报告,深深为他们那种渴求知识、探讨学问的精神所感动。他满怀激情地写道:英国工人是真正值得尊敬的人,将来拯救英国的正是他们,"他们没有偏见,他们还有力量从事伟大的民族事业,他们还有前途"。

第五章　批判经济学范畴的天才大纲

第一节　以"向欧洲大陆报道英国情况"为己任

在英国期间，恩格斯认真研究英国的历史和现状，实地观察各阶层的生活和相互关系，掌握了有关英国历史和英国民族特性的本质、特别是英国阶级斗争的大量资料。透过眼前的事物和现象，深入探讨资本主义制度的内在规律和必然联系，更加坚定地站到工人阶级的立场上。

经历了资产阶级革命和产业革命，具有发达的贸易、航运和工业，以自由制度和议会民主相标榜的英国状况怎样呢？这是欧洲大陆各国人民，尤其是德国人民很想了解的。因此，恩格斯把向欧洲大陆报道英国状况当作自己的重要任务。他为《莱茵报》、《德法年鉴》和巴黎《前进报》等报刊撰写的有关英国的论文，从这个国家的现状中论述了许多具有重大意义的问题。

这个阶段，恩格斯的观点逐步成熟，这一特点清楚地反映在他的著作《政治经济学批判大纲》中。该著作发表在1844年2月巴黎出版的由卡尔·马克思和阿·卢格所主编的《德法年鉴》上。虽然恩格斯的这一作品还不是成熟的马克思主义的著作，它毕竟包含着天才思想的萌芽。马克思后来称恩格斯的这一著作为天才的大纲，而恩格斯在1884年也写道，他对于自己在社会科学领域中的这一最早的作品是多少有些自豪的，尽管它有许多缺点。

恩格斯不仅深入研究英、法等国社会主义和共产主义论著，而且用英国工人阶级实践斗争的经验进行批判的审查。他发现，虽然空想社会主义的优秀代表们对资本主义制度作了尖锐的批判，对未来社会作了天才的描绘，但是都缺乏对物质资料的生产活动和人们的经济关系进行透彻的研究，因而既不了解人类社会发展的规律和资本主义制度的本质，更不了解无产阶级的伟大历史使命。恩格斯从自己的亲身体验中深刻认识到，要了解资本主义制度的本质和运动规律，了解资本主义社会的阶级关系、阶级斗争和无产阶级革命的必然性，就必须深入研究各个阶级的物质利益关系，研究构成阶级斗争基础的经济事实。

第二节　《政治经济学批判大纲》问世

为了了解经济事实，恩格斯开始对政治经济学进行系统、深入地研究，阅读了资产阶级经济学家亚当·斯密、斯图亚特、詹姆斯·穆勒、李嘉图、马尔萨斯、萨伊等人的著作，于1843年底至1844年1月写了《政治经济学批判大纲》。这部著作在马克思主义史上第一次从社会主义立场出发考察资本主义经济制度，阐述了许多重要的问题：

第一，资产阶级经济学是"私经济学"。

《政治经济学批判大纲》对资产阶级经济学作了深刻的批判，指出无论重商主义还是自由主义经济学家，都是为资本主义私有制而存在。虽然它们冒充代表全体人民的利益，但它们都是为资产阶级利益服务，本质上是"私经济学"。资产阶级政治经济学的产生，是商业扩展的自然结果。重商主义作为早期的资产阶级经济学，最初以货币主义形态出现。

重商主义的真正原则是贸易差额论。同早期的货币主义比较起来，贸易差额论不再主张以粗俗幼稚的方式搜刮金钱，而主张通过贸易顺差的办法使国家增加现金。为了达到这个目的，他们积极鼓吹商品加炮舰政策，强迫别国缔结不平等的通商条约，不惜动用武力，引起战争。由此可见，这种重商主义"实质上还是和从前一样，贪财和自私。这些战争也表明了：贸易和掠夺一样，是以拳头为后盾的；人们只要认为哪些条约是最有利可图，他们便会昧着良心使用诡计或暴力来把它们订成。"

第二，资本主义私有制的发展必然引起社会革命。

《政治经济学批判大纲》对资本主义私有制进行尖锐的批判，指出私有制是资本主义社会的利益冲突和各种矛盾的根源；只有消灭私有制，才能解决资本主义所固有的矛盾。

生产资料私有制已有几千年的历史，资本主义私有制也已存在几百年。资产阶级经济学家把私有制看作永恒的现象，把资本主义制度看作永恒的制度。许多社会主义者和小资产阶级经济学家则对资本主义私有制采取批判态度，谴责它所造成的灾难后果。但是，他们用来与私有制相对立的公平、正义、道德、人性等，既不能阐明私有制产生的原因及其危害，也不能论证消灭私有制的必然性和途径。恩格斯与他们不同，他不是从抽象的道德说教出发，而是从资本主义经济事实出发，对私有制进行了深入的分析和批判。

按照恩格斯的意见，只有在消灭了私有制的共产主义社会才是适用的，生产费用和效用都不会因竞争而变形。后来，恩格斯在论述共产主义社会实行计划经济的必然性时再次指出，共产主义社会"在决定生产问题时，上述的对效用和劳动花费的衡量，正是政治经济学的价值概念在共产主义社会所能余留的全部东西，这一点我在1844年已经说过了……但是，可以看到，这一见解的科学论证，只是由于马克思的《资本论》才成为可能"。

第三，马尔萨斯人口论是卑鄙下流的学说。

《政治经济学批判大纲》对英国资产阶级庸俗经济学家马尔萨斯的人口理论作了尖锐的驳斥。为了维护资本主义私有制，麻痹无产阶级的战斗意志，马尔萨斯鼓吹"人口生来就有一种超过它所支配的生活资料的倾向"，并且编造所谓生活资料按算术级数增长，人口数量按几何级数增长的谬论，把资本主义社会工人阶级的贫穷和灾难统统说成是由人口增殖所造成的。很显然，这种谬论迎合了资产阶级和英国寡头政府的需要，得到了他们的喝彩。恩格斯指出，马尔萨斯编造的人口论，完全是骗人的鬼话。因为资本主义社会工人阶级贫困、失业等现象的根源在于资本主义私有制。正是在资本主义私有制下，才会出现整个国家因财富过多、商品过剩而备尝痛苦。只有消灭资本主义私有制，才能结束这种人类堕落的现象。

18世纪英国的产业革命，也使政治经济学发生革命。自由主义经济学即资产阶级古典经济学，作为一门完整的发财致富的学说代替了重商主义这个简陋的非科学的生意经。亚当·斯密的《国富论》为自由贸易学说奠定了基础；大卫·李嘉图把它发展到"不可逾越的界限"。他们都企图以隐蔽的、伪善的形式掩盖私有制的矛盾，根本没有想到提出私有制的不合理性和消灭私有制的问题。因此，以亚当·斯密的《国富论》为基础的自由主义经济学，"也同样是伪善、矛盾和不道德的。这种伪善、矛盾和不道德，目前在一切领域中都和自由的人性处于对立的地位"。但这个巨大的进步之举探索了私有制的各种规律，摧毁了重商主义体系，打破了重商主义对贸易往来的束缚，从而使社会生产力发展起来，使资本主义私有制的各种矛盾更加尖锐地暴露出来。这是不以资产阶级经济学家的意志为转移，是他们凭借书本知识做梦也想不到的。

恩格斯指出："距离我们时代越近的经济学家越不老实。时代每前进一步，要把政治经济学保持在时代的水平上，诡辩术也必须高一步。"这是对资产阶级经济学的深刻揭露，完全符合资产阶级经济学的发展趋势。随着资本主义的发展，无产阶级与资产阶级的矛盾日益尖锐，资产阶级经济学的辩护性越来越明显。重商主义盛行的时候，在资产阶级与无产阶级之间还存在一个封建贵族阶级，当时资产阶级还能够以反封建的斗争来缓和与无产阶级的矛盾；当资产阶级战胜封建贵族，它与无产阶级的矛盾上升到主要地位，因此自由主义经济学家不得不采取更加伪善和隐蔽的形式。随着阶级斗争进一步发展，无产阶级以独立的力量登上政治舞台，资产阶级经济学也日益庸俗化。恩格斯的论述，一针见血地揭示了资本主义经济学反科学的性质。

第四，价值是生产费用对效用的关系。

《政治经济学批判大纲》在批判资产阶级经济学家价值理论

的基础上，深入探讨了价值理论问题。

商品价值是政治经济学的重要范畴。英国经济学家麦克库洛赫、李嘉图和法国经济学家萨伊曾围绕价值的本质进行了长期的争论。麦克库洛赫和李嘉图认为，价值是由生产费用决定的；萨伊则认为，价值是由物品的效用决定的。恩格斯指出，争论双方都排除了竞争的作用，因而不可能说明价值的形成和本质。如果没有竞争，价值不能由生产费用决定。如果没有竞争，就谈不上物品效用的大小，因而无法以效用来确定价值。同时，争论双方都只看到一个方面而忽视了另一个方面，因而都有片面性。

恩格斯指出，"价值是生产费用对效用的关系"。他说："价值首先是用来解决某种物品是否应该生产的问题，即这种物品的效用是否能抵偿生产费用的问题。只有在这个问题解决了之后才能谈得上运用价值来进行交换的问题，如果两种物品的生产费用相等，那么效用就是确定它的比较价值的决定性因素。"在价值决定上，必须把竞争考虑进来。在竞争的情况下，无论效用或生产费用都已经不是它的本来面目。这时，恩格斯虽然已经看出价格与价值的背离，但还未能理解市场价格的上下波动正是价值借以实现的形成。

第五，共产主义社会具备了对劳动进行直接的、自觉的控制的必然性。

《政治经济学批判大纲》还从唯物主义出发，对未来共产主义社会作了一些天才的论述。恩格斯认为，在未来的社会中，存在于私有制度下的竞争消灭了。社会那时应当考虑的是："靠它所掌握的资料能够生产些什么，并根据这种生产力和广大消费者之间的关系来确定，应该把生产提高多少或缩减多少，应该允许生产或限制生产多少奢侈品。"这个观点具有重要意义。1868年1月8日，马克思在致恩格斯的信中，再次肯定了它的正确性。恩格斯在《反杜林论》中也再次肯定在未来社会中，按照生产资料，特别是劳动力来安排生产计划的必然性。

《政治经济学批判大纲》和恩格斯另一篇论文《英国状况》，发表于马克思主编的《德法年鉴》第1期—2期合刊上。贯穿这两篇文章的观点，表明恩格斯已经完成从唯心主义到唯物主义，从革命民主主义到共产主义的转变过程。马克思对《政治经济学批判大纲》十分重视，认真研读全文，详细摘录要点，认为它是"批判经济学范畴的天才大纲"，这篇文章对于促使马克思决心研究经济学，起了重要的作用。

毋庸讳言，作为第一部马克思主义经济学著作，《政治经济学批判大纲》理论观点还不够成熟，一些提法也不够准确。因此，当1871年李卜克内西提议重印这篇文章时，恩格斯认为它"仅仅具有历史文件的意义"，不宜重新印发。1884年，当叶甫盖尼娅·帕普利茨想把它译成俄文出版时，恩格斯也没有同意。

第六章　伟人之间的引力

第一节　相识前的描述

青年时期的恩格斯有宏大志向，敏学善思，喜欢结交朋友，乐于向优秀的人学习，并对自己有着十分清醒的认识。1842年7月28日，他在致卢格的信中这样表达了自己的想法：

"我还年轻，又是个哲学的自学者。为了使自己有一个信念，并且在必要时捍卫它，我所学的已经够了，但是要能有效地真正做到这一点，却是不够的。人们将会对我提出更多的要求，这是因为我是一个'兜售哲学的人'，不能靠博士文凭取得谈论哲学的权利……迄今为止，我的写作活动，从主观上说纯粹是一些尝试，因为尝试的结果一定能告诉我，我的天赋是否允许我有成效地促进进步事业，是否允许我实际地参加当代的运动。我对尝试的结果已经可以表示满意了；现在我认为自己的义务是，通过研究（我要以更大的兴趣继续进行研究）去越来越多地掌握那些不是先天赋予一个人的东西。"

恩格斯在1843年底与马克思首次谋面以前，在同马克思交往的朋友中了解到，马克思是有超凡的智慧和才华，敏锐的洞察力和渊博的学识的，并有着革命家的宏大气魄，是"博士俱乐部"的核心人物之一。因此在朋友中，马克思是一个十分受人尊敬的人物，正如青年黑格尔派杰出人物之一莫泽斯·赫斯所衷心赞扬的那样：马克思是"最伟大的哲学家，也许是当今活着的唯一真正的哲学家。这位哲学家即将在报刊上和讲坛上显露头角，并且必然很快就会把整个德国的目光吸引到自己身上……马克思博士——他可以说是我所崇拜的偶像，还是个十分年轻的人（二十四岁左右）。他将给中世纪的宗教和政治以致命的打击。他既有深思熟虑、冷静、严肃的态度，又有最敏锐的机智。设想一下，如果把卢梭、伏尔泰、霍尔巴赫、莱辛、海涅和黑格尔结合为一人——我说的是结合，不是凑合——那么结果就是一个马克思博士"。

从这些介绍和交谈中，恩格斯对马克思的革命品质、战斗精神和渊博学识，已经有了非常良好的印象。他在一首诗中，对这位未曾见过面的人作了这样的描述：

是谁跟在他（指布鲁诺）的身后，风暴似地疾行？

是面色黝黑的特利尔之子，一个血气方刚的怪人。

他不是在走，而是在跑，他是在风驰电掣地飞奔。

他满腔愤怒地举起双臂，

仿佛要把广阔的天幕扯到地上。

不知疲倦的力士紧握双拳，

宛若凶神附身，不停地乱跑狂奔！

第二节　青年时代的马克思

比恩格斯大两岁的卡尔·马克思，于1818年5月5日诞生在德国普鲁士邦莱茵省特利尔城的一个犹太律师家庭。父亲亨利希·马克思学识渊博，品格纯洁，具有资产阶级民主思想，熟悉法国启蒙思想家的著作。马克思少年时，父亲经常向他讲述这些著作的内容，使他从小就受到资产阶级启蒙思想的熏陶。

1830年—1835年，马克思就读于特利尔高级中学。少年马克思天资聪慧，勤奋好学，成绩优良。中学毕业前夕，他写了一篇题为《青年在选择职业时的考虑》的作文，认为在选择职业时仅仅从利己主义原则出发的人，决不能成为伟大人物，也不能得到真正的幸福。一个人只有决心为人类服务，为人类最大多数人的幸福而工作，才是高尚的人，才能得到真正的幸福，才具有不可摧毁的精神力量。

中学毕业后，马克思怀着探索真理、掌握科学和艺术的决心进入波恩大学，次年转到柏林大学。他学习的专业是法律，但他把主要精力放在哲学上，而把法律当作附属修业。他"专攻哲学"，一方面是适应革命斗争的需要，因为当时反对封建专制制度的斗争，主要是在哲学领域中进行；另一方面也是为了建立正确的世界观和方法论，以便深入研究法律和其他科学。

在柏林大学读书的时候，马克思开始研究黑格尔哲学，参加黑格尔派博士俱乐部的活动，同青年黑格尔派的著名人物布鲁诺·鲍威尔、卡尔·科本等建立联系。这个时期，他大量阅读黑格尔的著作，深入到黑格尔哲学的大厦中，在那里发现了闪烁着天才光芒的辩证法，内心无比激动，决心紧紧抓住他发现的东西。1841年春，他写成毕业论文《德谟克利特和伊壁鸠鲁自然哲学的差异》，并获得了耶拿大学哲学博士学位。论文表明他对黑格尔哲学有着精湛的研究，在学术思想上已经比黑格尔哲学和青年黑格尔派大大前进了。

第三节　态度冷淡的初次会面

1842年11月，恩格斯赴英国曼彻斯特，到欧门—恩格斯纺纱工厂实习经商。赴英途中，他访问了科布伦茨的《莱茵报》编辑部，并在那里和马克思第一次见面。

1842年10月15日马克思就任《莱茵报》主编。新主编面临着两个方面的干扰：一方面是总督冯·沙培尔在时刻监视着报纸的动向，不断向柏林报告报纸"变得越来越恶劣，越来越敌视政府"；另一方面则是"自由人"团体。这是一伙青年黑格尔派，他们之中有布鲁诺·鲍威尔、埃德加·鲍威尔、布尔、梅因·施蒂纳等，这些人都是马克思的熟人，也是《莱茵报》的特约撰稿人。但是，他们那种政治浪漫主义，那种恃才傲物的气势和狂妄的自我吹嘘，招致了马克思的反感。马克思以严肃的政治斗争的责任感，坚持捍卫《莱茵报》的民主主义路线，坚持哲学与现实生活的结合。而"自由人"则是一面醉心于抽象的批判，玩弄纯理论的词句；一面在生活上放荡荒唐，胡作非为。而恩格斯当时却同"自由人"往来，是"自由人"机关报《艺文》杂志的编辑。因此，第一次会面时，马克思将恩格斯视为和那些"自由人"毫无分别的人，本能地带着反感情绪，对前来拜访的恩格斯的态度十分冷淡。马克思的过分矜持招致了血气方刚的恩格斯的极大不满，当恩格斯离开编辑部走在街上的时候，不由将手中的华贵的手杖折断了，那是父亲刚刚送给他的礼物。初次会面的糟糕经历，甚至没有使马克思和恩格斯建立起一般的友谊关系。

许多年以后，恩格斯回忆这段往事时写道："1842年10月以前，马克思在波恩。我在9月底或10月初从柏林归途中顺路访问了《莱茵报》编辑部。据我记忆，当时在那里的只有英·赫斯和曾任《爱北斐特日报》编辑的腊韦博士；我记得鲁滕堡当时已经被逐，不过这一点我没有把握。11月底我赴英国途中又一次顺路到编辑部去时，遇见了马克思，这就是我们十分冷淡的第一次会面。马克思当时正在反对鲍威尔兄弟，即反对把《莱茵报》搞成主要是神学宣传和无神论的工具，而不作为一个进行政治性争论和活动的工具；他还反对埃德加尔·鲍威尔的清谈共产主义，这种共产主义仅仅以'极端行动'的愿望作为基础，并且随后不久就被埃德加尔的其他听起来颇为激烈的言辞所代替。因为当时我同鲍威尔兄弟有书信来往，所以被视为他们的盟友，并且由于他们的缘故，当时对马克思抱怀疑态度。"

第四节　历史性的巴黎会面

巴黎是具有光荣革命传统的城市，从18世纪末法国资产阶级革命以来一直都是欧洲革命的中心，无产阶级与资产阶级的斗争十分激烈。这个城市也是当时流行的各种社会主义和共产主义理论的策源地，聚集着许多社会主义学派和工人运动活动家。

1844年8月，恩格斯从英国回德国途中，特意访问了巴黎。但恩格斯到巴黎的目的却不是简单的游历，而是为了接触巴黎各阶层人民群众，实地考察法国阶级斗争的情况。同时，也是为了广泛联系各派社会主义者，促进各国"共产主义弟兄"彼此接近、互相了解。但这些都不是最主要的，最吸引恩格斯辗转巴黎的原因是再次拜访他早已十分仰慕、并且已经建立了书信往来的马克思。

8月的一个晚上，马克思在法国巴黎的一个叫雷让斯的咖啡馆里，亲切地会见了来访的恩格斯。这次相会是马克思和恩格斯第二次会面。他们通过在《德法年鉴》上各自发表的文章，已经有了更深的了解，都迫切希望进一步交换彼此的思想，并在一起共同探讨一些问题。

经过初步的交谈，他们发现两人如此志同道合。这时，马克思、恩格斯都已经把视线转向了在现实社会中受剥削、受压迫的无产阶级，他们开始或正在开始到政治经济学中去寻找现实社会的解答，并且都把"消灭私有制、消灭竞争和利益对立的办法"作为结束人类堕落现象的根本途径。

志趣相投的特点增加了两人继续进行理论研究和政治斗争的信心。他们越谈越有劲，马克思邀请恩格斯到自己的家中继续交谈，用大量时间交换彼此的想法。随着交谈的不断深入，他们发现彼此在很多问题上都是不谋而合的。于是，渐渐地在两人的头脑中萌发了携起手来共同开创无产阶级解放事业的念头。

恩格斯在巴黎逗留了十天，在这期间，马克思和他进行了透彻的交谈。从此，这两位伟人便结下了毕生的友谊。

他们同住在伦敦时，每天下午，恩格斯总要到马克思家里去，他们讨论各种政治事件和科学问题，一连谈上好几个小时，各抒己见，滔滔不绝，有时候还进行激烈的争论。天气晴朗的日子，他们还一起到郊外散步。在漫长的岁月中，两个人能够在不同的环境和条件下取得很多共识，而且后来在他们终身的事业中，无论遇到什么艰难险阻、挫折和不幸，他们的友谊始终坚不可摧。分开后，他们几乎每天都通信，交换彼此对政治事件的意见和研究工作的成果。

后来，恩格斯在给马克思的信中说道："我还从来没有一次像在你家里度过的十天那样感到心情愉快，感到自己真正是人。"

第七章　马克思与恩格斯的友谊

第一节　精神和物质上的彼此帮助

一、精神生活：几乎每天都要通信

马克思是共产主义理论的奠基人，他受反动政府的迫害，长期流亡在外，生活很穷苦。但他毫不在意，仍然坚强地进行研究工作和革命活动。马克思和恩格斯年轻时就参加了同一革命运动，只要可能便在一起并肩工作，共同为开创无产阶级革命事业奋斗。但复杂的斗争环境迫使他们分离了近20年。1848年革命失败后，恩格斯不得不到曼彻斯特去，而马克思则被迫留在伦敦。虽然如此，但他们的精神生活仍然是相通的，他们几乎每天都要通信，谈论当前的政治事件和科学问题，交换他们在科学上探讨的结果。马克思接到恩格斯信的时候，常常拿着信自言自语，好像恩格斯就在场似的："嗯，不对，反正情况不是这样……"、"在这一点上你对了！"马克思的女儿爱琳娜回忆说："难以忘记的是：有时摩尔读着恩格斯的来信，笑得流出眼泪来。"恩格斯一脱离他在曼彻斯特的工作，就连忙跑到伦敦，在离马克思家很近的地方租了房子，每天步行十分钟去马克思家。从1870年到马克思逝世，他们几乎每天都见面。

在马克思的英语不是很熟练的时候，他为《纽约每日论坛报》写的文章还要请恩格斯帮忙翻译。为了及时完成翻译，恩格斯常常要工作到深夜。白天在营业所长达10个小时的工作已经让恩格斯疲惫不堪，到了晚上又要将全部精力扑到翻译工作上。长年累月如此，恩格斯也有体力不支的时候。每当这时，他都会尽可能多地翻译一些东西。

1852年10月4日，恩格斯在信中对马克思说："要替你翻译全篇文章，我的身体不行。我是今天早晨收到文章的。整天在办事处，脑袋都忙昏了。今天晚上七、八点喝完茶才把这篇东西读了一遍，然后动手翻译。现在是十一点半，我译到文章自然分段的地方，并把译好的这一部分寄给你，十二点文章必须送到邮局。因此，你将收到我尽自己力量所能做到的一切。"10月28日，恩格斯又写信告诉马克思："如果今天晚上我能整篇译完，我将稍迟一点把其余部分付邮。现在把这一篇寄出，是为了使你至少及时收到哪怕一点东西。"

在相当长的一段时间内，恩格斯的晚上就是这样度过的，但恩格斯没有任何抱怨。他认为这是作为朋友应尽的责任和义务。况且，对马克思的帮助超越了一般的朋友之情，更重要地体现为对无产阶级革命事业最重要的理论家的爱护和支持。正是抱着这样的信念，恩格斯总是默默地、心甘情愿地去做绿叶以扶持红花。

1857年7月11日，马克思在英国伦敦给在曼彻斯特的恩格斯写信，对恩格斯的身体健康十分关心。该信如下：

亲爱的弗里德里希：

当前最重要的事自然是恢复你的健康。德纳那里我设法再拖延一下。你可不必为此操心。下星期我寄给你一些古代军事方面的东西。

我听说，哈斯廷斯是对你的病真正有好处的英国唯一的天然疗养地。所以上那儿去吧，因为你的病毕竟应该认真对待。不管黑克舍尔先生有什么看法，应用铁剂作为防止病情进一步恶化的措施无论如何都是合理的。对此你还应当与第三个医生商量一下。应该认为，这些先生们每人仅仅知道一部分；因此以一个检查另一个是很好的。

我的妻子正在复原。可是她的情况还使我难于离开家。动产信用公司的进展和波拿巴的整个财政情况表明，革命临近了。

殷切地希望你恢复健康。

你的卡·马

二、物质生活：无条件的倾囊相赠

在马克思及其家人的心目中，恩格斯也是家中的一员。对此，马克思的女儿们把恩格斯当作第二个父亲。当恩格斯来信说他要从曼彻斯特到伦敦来的时候，马克思一家都为此高兴，老是在谈这件事。而当恩格斯来的那一天，马克思等得很不耐烦，甚至工作不下去。恩格斯到了以后，两个朋友抽着烟，谈了一个通宵，畅谈着他们分别以来所发生的一切事情。

马克思对恩格斯的意见十分重视。因为马克思认为恩格斯是能够同他合作的人。为了说服恩格斯，让他赞成自己的某一思想，马克思觉得费多大气力都值得。

马克思为自己有这样的朋友为荣。他曾非常愉快地向同事讲述恩格斯的德性和才智。为了把恩格斯介绍给一位同事，马克思甚至特意与同事一起到恩格斯所在的曼彻斯特去了一次。

恩格斯把马克思的生活困难看成是自己的困难，他省吃俭用，把节省下来的钱不断寄给马克思。当碰到恩格斯需要帮助的时候，马克思同样竭尽全力，毫不犹豫。

1843年，马克思被聘为新杂志《德法年鉴》的编辑，年薪500塔勒。由于经济相对宽裕，当年他就和情投意合的燕妮结了婚，但两个家庭都不是很同意这门婚事，这意味着他们没有任何来自于家庭方面的物质支持，生活也便从零开始了。

1848年10月，恩格斯因《新莱茵报》事件被通缉躲到日内瓦。11月，恩格斯逃亡到瑞士，因为走得匆忙，身上没带多少钱。马克思知道了，连忙从病床上挣扎起来，到银行将自己仅有的钱取出来，连同身上的现金，全部寄给了恩格斯。

1852年，恩格斯作为家族代表开始在欧门—恩格斯公司做事。他认为这样可以在经济上帮助马克思，事实上他也是这样做的。起初，他没有固定工资，而是从父亲那里得到每年200英镑的生活费，后来可以从公司得到年薪100英镑和5%的分红。50年代中期，分红提高到7.5%，到1860年又提高到10%。在1854年—1855年间，这相当于年收入265英镑左右；到1856年—1859年，年收入又从500英镑左右增加到1000英镑。

1851年8月，马克思有了一份稳定的收入，可以为《纽约每日论坛》报撰写稿件。随后他马上向恩格斯求援，希望后者每周写一篇文章寄给他去发表，因为他英文水平还不足以写这种文章。这种情况从1851年持续到1861年，恩格斯总计写了约有120篇以上，当然马克思自己也写了一些文章，由恩格斯译成英文。

1852年9月8日，马克思写给恩格斯的信中这样写道："我的妻子病了，小燕妮病了，琳蘅（马克思家保姆）患上了一种神经热。医生……不能请……因为我没有买药的钱。八至十天以来，家里吃的是面包和土豆,今天是否能够弄到这些,还成问题……我把向所有债权人付款的期限拖到了9月初……现在,四面八方都在袭击我了……最好……女房东把我……赶走。那时,我至少可以免付一笔22英镑的房租……还有面包铺老板、牛奶商、茶叶商、蔬菜商,还有欠肉铺老板的旧账。怎样才能还清所有这些鬼账呢?"恩格斯收到消息后,次日就寄来4英镑,5天后他写信给马克斯说:"我现在考虑一个节省几英镑的新计划,如果成功,我想我能在下月初以前,……再寄给你一点。"此后的几个月和几年,每个月甚至每星期都有一张张1英镑、2英镑、5英镑或10英镑的汇票从曼彻斯特寄往伦敦。这些款项常常超过恩格斯自己的家庭开支。

1863年初,马克思一家到了一贫如洗的地步,马克思打算让大女儿和二女儿辍学,找个地方去做工,以减小家庭开销。他自己和妻子燕妮及小女儿则搬到贫民窟去住。恩格斯知道这一消息后,连忙打电话劝说马克思别这样做,并且迅速筹集了一笔钱,汇给马克思,使马克思一家暂时度过了难关。

对于恩格斯的帮助,马克斯曾经在一封信中这样写道:"坦白地向你说,我的良心经常像被梦魇压着一样感到沉重,因为你的卓越才能主要是为了我才浪费在经商上面,才让它们荒废。"还有一次,他写道:"这时唯一能使我挺起身来的,就是我意识到我们两人从事着一个合伙的事业,而我则把自己的时间用于这个事业的理论方面和党的方面。"

1864年,恩格斯由于他的家族投入资本额达到一万英镑而升为欧门—恩格斯公司的股东,此时他的分红比例已提高到20%,另外还可以从流动资本中得到年利率5%的利息收入。1868年,合伙人欧门兄弟表示愿意给恩格斯一定补偿,作为他退出公司的条件。随后,恩格斯先考虑到退出公司的补偿款能否保障马克思的生活需要,于是询问马克思"每年350英镑是否够用",他可以"在五六年内保证每年"给他这个数字,"甚至还能多一些"。马克思回答说:"你对我太好了,使我十分感动。"有了这个基本数目后,恩格斯经过谈判,获得1750英镑的补偿金,便逐渐撤出了投入在合伙公司中的全部款项,并离开了该公司。

1881年12月,马克思的夫人燕妮去世。隔年,大女儿燕妮·龙格去世。同年3月14日,马克思离开了人间。

1895年8月5日,恩格斯在伦敦逝世。起初,恩格斯曾经指定马克思作为自己遗产的唯一继承人,但在马克思逝世后,恩格斯重新修改了遗嘱。按照最终的遗嘱,马克思的次女劳拉·拉法格和三女爱琳娜各得恩格斯全部遗产的3/8,其中每人的1/3属于马克思长女燕妮的孩子们,由于他们还小,暂由她们两人保管。剩下的2/8以及家具都赠送给女管家路易莎·弗赖贝格尔。此外,他还付给他妻子的侄女玛丽一笔款项,并且指定德国社会民主党应得其中的1000英镑。

第二节　伟大友谊的考验

1863年1月7日，恩格斯的爱妻玛丽不幸去世，怀着沉痛的心情，他从英国的曼彻斯特向伦敦的马克思去信报告了这一噩耗。然而，此时的马克思正处于生活极度困顿与绝望之中："家里没有煤和食品，女儿小燕妮卧病在床"，"母亲一身是病，过得很痛苦"，家里"还呆着房东打发来的评价员"，并且为家庭生活的极度困窘还和妻子发生了激烈的争吵。

在此极端恶劣的情绪氛围中，马克思给恩格斯的回信，除了简单的对玛丽去世表示"意外"和"震惊"外，主要内容是埋怨自己命运不幸，喋喋不休地诉说自己生活的困苦和所遭受的折磨。整个信中没有对死者的怀念和哀伤，也没有对恩格斯表示真诚的关心和安慰。5天以后，恩格斯在回信中写到："这次我自己的不幸和你对此冷冰冰的态度，使我完全不可能早些给你回信。""我的一切朋友，包括相识的庸人在内，在这种使我极其悲痛的时刻对我表示的同情和友谊，都超出了我的预料。而你却认为这个时刻正是表现你那冷静的思维方式和卓越性的时机，那就请便吧！"显然，恩格斯有些气愤了。

接到信，马克思冷静地检查了自己因心境不好而对恩格斯感情的伤害，承认"给你写那封信是个大错，信发出后我就后悔了"。并详尽叙述了当时家庭的悲惨遭遇以及自己痛苦的心情，诚恳请求恩格斯的谅解。恩格斯是宽宏大度的，他理解并原谅了马克思，在给马克思的第三封信中说："对你的坦率，我表示感谢"，"我感到高兴的是，我没有在失去玛丽后同时再失去自己最老的和最好的朋友。"并且，恩格斯以极大的热情，尽最大的努力解除了马克思全家的困难。他冒着承担经济责任的风险，弄到一张"同现金一样"的一百英镑的期票寄给马克思。这样才很快缓解了马克思全家的经济困难。在以后的数封信中，马克思对恩格斯"富有自我牺牲精神"的友谊，表示深深的感谢，对因自己的过失造成的感情波折表示痛悔和自责。从1863年1月7日，恩格斯告诉玛丽去世噩耗的第一封信，到2月17日恩格斯邮出的最后一封信，他和马克思两人共写了9封信，历经40天，两位伟人间的友情波折才得以平复，裂痕才得以修补和弥合，他们又和好如初了。

第三节　伟大友谊的密码

在马克思主义发展史和共产主义运动史上，马克思和恩格斯是一对亲密无间的朋友、战友和同志。他们在长达40年的漫长革命岁月中，始终如一地在工作上互相支持，生活上互相关心，结成了牢不可破的兄弟般的感情和同志式的友谊，共同创立了伟大的马克思主义，为世界无产阶级革命作出了卓越的贡献。他们的友谊经历了政治风雨的洗礼，也经受了艰辛生活的考验，却始终不渝，牢不可破。那么，他们伟大友谊的密码是什么？

问题的关键在于用什么原则、态度、方式和方法去正确对待和妥善处理已经出现的波折、矛盾和挫折。纵观马克思和恩格斯两位伟人间友情的波折从裂痕、修补到弥合的全过程，我们可以得到深刻的启示。

其一，共同理想、共同追求和珍视友谊的态度是基础。马克思和恩格斯是为了无产阶级革命事业而结成深厚友谊的同志和战友，绝非那些为一时意气和庸俗利益而苟且在一起的同伴；而且他们的友谊经受了漫长而复杂的革命斗争的血与火考验，具有坚实的阶级基础和共同理想、伟大事业的前提。因此，他们能够在因不幸遭遇的影响而导致感情裂痕后，仍能以事业为根基，视友谊为生命，很快清醒过来，理智地陈述原委，检讨错误和过失，及时修补裂痕，弥合矛盾。

其二，坦诚相见，客观冷静，相互信任是前提。恩格斯在爱妻去世后巨大的悲痛中，接到了马克思寄来的"冷冰冰"的信，在冷静思考5天后毅然对马克思提出了批评和指责，这是客观的、坦诚的，是人们可以理解的。马克思受到恩格斯的指责，在经过沉痛思考和自责后，诚恳地承认自己的错误，并且向恩格斯说明"晚上给你写信的时候，则是处于完全绝望的状态之中"，"绝不是出于冷酷无情"。这也是客观的，坦诚的，没有半点虚伪，不加任何掩饰。因此，他们很快能够被对方理解、原谅，深厚的感情最终恢复常态。

其三，积极交流、主动沟通，理智处理矛盾是关键。马恩之间感情裂痕的修补与弥合，没有借助任何外部作用，是他们双方靠着远大的抱负，共同的志趣，宽广的胸怀，真诚的态度，积极的疏通情况，交流思想，化解矛盾的结果。在前后40天中，恩格斯曾经给马克思在经济上、生活上予不遗余力的无私的关心和帮助，他放弃了自己的某些研究工作，有时甚至冒着被指控犯罪的危险，千方百计接济马克思一家的生活，连马克思寄发文稿所需的邮票，恩格斯都要买好寄去。面对丧妻后，马克思"冷冰冰"的态度，恩格斯克制自己的不满情绪，冒着极大的风险"弄到100英镑"给马克思寄去，而马克思在认清自己"大错"之后，对恩格斯给予了细致如微的体贴和关心。他连续几封信中都以轻松调侃的语气安慰恩格斯说："如果你心里有什么疙瘩，那就像个男子汉那样坦率地说出来，你要相信，世上没有一个人这样真心地关心你的忧乐，除了你的摩尔（马克思的绰号）"。马克思在1月28日给恩格斯的信中，甚至不厌其烦地讲述什么是工具，什么是机器的区别等，并不是讨论学术问题，而是为了让恩格斯"分分心，使你忘却你那痛苦的遭遇"。

在两位伟人的感情波折中，马克思表现出了伟人的真诚坦率和自责精神，而恩格斯则表现出了伟人的自我牺牲精神和宽宏大度，这就是他们伟大友谊的真正密码。

第八章　对军事了如指掌的"将军"

第一节　料事如神的军事天才

恩格斯是革命无产阶级的第一个军事专家和军事理论家,他比统治阶级最优秀的军事专家和理论家要高明万倍。马克思的大女儿给常去家里做客的精通各类军事信息的恩格斯取了"将军"这个绰号。

1849年深夏,威廉·李卜克内西第一次会见了恩格斯。通过会见交谈,恩格斯在李卜克内西的头脑中留下了难忘的印象。后来,他在《忆恩格斯》的文章中谈道:

"当我和恩格斯会见时,立刻感到他是一个杰出的军事家。在和他闲谈中,我才知道《新莱茵报》所发表的那几篇关于匈牙利革命战争的文章原来是他写的。这些文章由于内容经常得到证实，因而大家都猜测是出于匈牙利军队某高级指挥官之手……恩格斯根据报纸上的点滴材料，用他明察秋毫的目力加以分析，就能描绘出一幅关于战局的真实图画，利用这幅精密的战场地图，就能根据日期和地点作出数学般准确的结论……这一切都极其符合实际情况……"

恩格斯似乎生来就应该是一个军人，他能料事如神，随机应变，明察秋毫，当机立断，沉着冷静。稍后，他写了许多卓越的军事著作，并且在了解到的人中间得到了第一流职业军事家的好评。

1849年3月至4月，恩格斯以《皮蒙特军队的失败》为题写了三篇文章，连载于《新莱茵报》。本文是其中的第二篇，论述了人民战争、群众起义是小国战胜大国、弱国战胜强国的唯一方法。该文节录如下：

根据来自意大利的最新消息，皮蒙特军队在诺瓦拉附近的失败，并不具有像拍往巴黎的急电中所说的那种决定性的意义。

皮蒙特军队遭到了失败，他们被截断了同都灵的联系，并败退到山中。不过如此而已。

如果皮蒙特是个共和国，如果都灵的政府是个革命的政府并有勇气采取革命的措施，那就什么也不会损失。但是，意大利的独立的丧失，将不是由于奥军的无敌，而是由于皮蒙特王室的怯懦。

奥军的胜利是靠什么取得的呢？是靠下述情况：由于拉莫里诺的叛变，皮蒙特军队中的两个师被切断了与其他三个师的联系，而陷于孤立的这三个师则被数量上占优势的奥军击溃了。这三个师现在正向瓦里斯阿尔卑斯山麓败退。

皮蒙特人一开始就铸下了一个大错误，就是他们只用正规军队来抵抗奥军，他们想进行最一般的、资产阶级式的、规规矩矩的战争。一个想争取自身独立的民族，不应该仅限于用一般的作战方法。群众起义，革命战争，到处组织游击队——这才是小民族制胜大民族，不够强大的军队抵抗比较强大和组织良好的军队的唯一方法。

……

诺瓦拉会战和皮蒙特军队在会战后的毫无作为证明，在人民必须竭尽全力来自救的紧要关头，束缚人民最厉害的莫过于君主制了。为了使意大利不致因君主制而灭亡，首先就必须使意大利的君主制灭亡。

第二节　刻苦钻研军事理论

刻苦钻研军事科学理论，是恩格斯一生繁忙工作中的一个重要方面。1851年6月19日，恩格斯在写给约瑟夫·魏德迈的信中，比较详细地谈到了他进行军事理论研究的情况。他说："我自从迁来曼彻斯特以后，就开始啃军事，我在这里弄到的材料，至少对开端来说是足够了。军事在最近的运动中将具有重大的意义，我往日的爱好，我在报纸上发表的匈牙利军事通讯，以及我在巴登的光荣经历——所有这些都促使我在这方面下工夫，我想在这方面要做到能够发表一定的理论见解而又不致太丢脸。"

恩格斯认为自己需要研究的军事课题有：基本战术、筑城原理、野战工事和其他有关军事工程，一般的军事科学史和由于武器及其使用方法的发展和改进而引起的变化的历史、炮兵学、目前各个军事部门的概况，现代各种军队的差别、关于军队的组织、给养、医院以及任何一支军队所必需的装备方面的各种情况、现代战争史、军事地图学等，这些课题林林总总，可以说是囊括了军事科学的方方面面。

第三节　军事理论创作不断问世

由于1848年—1849年革命斗争的需要，迫使恩格斯认真地研究军事问题，首先是武装起义的问题。在留居曼彻斯特期间，恩格斯已经不是断断续续地研究军事科学，而是有系统地和非常认真地研究这门科学。

恩格斯进行的这些研究工作，在某种程度上是为了帮助马克思给《纽约每日论坛报》和美国百科全书撰稿。但是促使他顽强地研究军事科学的主要原因，是他明确地认识到战争问题即武装斗争问题在将来的革命中将起到巨大的作用。

恩格斯怀着巨大的兴趣埋头于军事科学的研究，他甚至把自己的休息时间都用来进行这个工作。

恩格斯痛恨一切肤浅潦草的态度，他并不是作为一个涉猎者和爱好者来对待军事问题，而是以一个习惯于"周详地"、"细致地"从事既定工作的人的切实认真的态度去对待军事问题。他一开始就给自己提出一个任务，即掌握考取军官官衔所必须具备的有关各种武器的知识。

早在1851年，恩格斯就已经证实了他居留曼彻斯特几个月时在军事科学研究工作中所获得的巨大成就。杰霍夫在其《未来战争概论》一书中对法国反对欧洲反动势力联合力量的战争前途的说明是根本错误的。为了反驳这本书，恩格斯写了《1852年神圣同盟对法战争的可能性和前提》，可惜这本书没有写完，而且当时也没有出版。恩格斯在这本著作中分析法国、德国和英国胜利的无产阶级革命对欧洲反动势力联合力量的可能发生的战争的前途时，顺便阐述了从18世纪末法国资产阶级革命战争时开始的军事艺术史，并指出了在无产阶级革命时期和在革命以后军事艺术发展的前途。

恩格斯预见性地描述了新社会将具有的不可摧毁的军事力量，他这样说，那时国民生产将会加强和集中，阶级就会被消灭。由社会主义社会创造出来的庞大的军队将具有"空前惊人的力量；而这样的士兵在执行巡逻勤务时，在散兵线上以及在战场上的战术能动性也同样会达到非常高的程度。战争将一定比现社会所能发生的更为有力，更为巧妙，更为机智。"

最后，社会主义的军队也将以强大的军事技术装备起来。正如生产力的增长是拿破仑作战方法的前提一样，新的生产力也将是军事上新的成就的前提。恩格斯认为，在一切胜利的革命进程中，在这一革命还没有建立新纪律和新军队之前旧军队就必然要瓦解。这一意见是非常重要的。他在1851年9月26日给马克思的信里写道："军队的瓦解和纪律的完全破坏既是迄今发生过的一切胜利革命的条件，又是这些革命的结果，这是毋庸置疑的事实。是谁在第一次法国革命时期的军队中建立了纪律呢？绝不是那些只在革命取得几次胜利后才开始在仓促组成的军队里具有影响和威望的将军们，而是国家权力在国内政策上所实行的恐怖。"

第四节　对中国人民解放斗争的关注

1857年—1858年恩格斯写了关于中国第二次"鸦片战争"(英国和法国为了奴役中国而进行的战争)、关于印度的西拍埃反对英国人的起义(人民的起义)和关于英国入侵波斯的论文。恩格斯写了这些论文标志着他也参加了马克思在那些年代所进行的民族殖民地问题的研究工作。19世纪50年代在《纽约每日论坛报》上发表的马克思和恩格斯论印度和中国的论文以及他们对欧洲民族问题的评论,奠定了革命无产阶级在民族殖民地问题上政策的基础。

恩格斯在论述中国和印度发生的事变的文章中,也像在他的绝大部分"军事"论文中一样,远远地超出了纯粹军事分析的界限。尽管恩格斯不得不使他的论文适合《纽约每日论坛报》要求的水平,但是从整个性质和语调中可以看出这些论文不是普通的"军事专家"写的,而是出于无产阶级革命家的手笔。恩格斯为印度西拍挨起义所写的论文中,他对英国统治阶级及其在印度活动的兵大爷们极为憎恨,他愤怒的斥责他们:"成吉思汗和铁木真的卡尔梅克联盟像蝗群一样袭击了许多城市,所到之处,生灵涂炭,但是要和现在这文明的基督教徒、豪侠的不列颠士兵的侵略比较起来,对受害的国家来说,却未必不是一种善行呢。"

恩格斯在《波斯和中国》(1857年)一文中着重指出了中国人民已加强反抗外国入侵,并且欣然指出,人民群众积极地而且狂热地参加了反对外国侵略者的斗争。恩格斯揭穿了英国报纸关于中国人的"暴行"的假仁假义的叫嚷,他说:"我们最好不要像豪侠的英国报纸那样去宣传什么中国人的可怕暴行,而要承认这是争取自己生存的战争,这是谋求保存中华民族的人民战争。"

恩格斯把中国人民的民族解放斗争的这个开端看作"旧中国的死亡期"来临的先声,看作"世界上最古老的帝国在做垂死挣扎，同时也是整个亚洲新纪元的曙光"即将来临的先声。1859年，《纽约每日论坛报》和在伦敦出版的德文报纸《人民报》登载了恩格斯论法国和皮蒙特对奥地利战争的24篇论文。1860年，恩格斯写了许多论述西班牙人在摩洛哥的战争和加里波第在意大利南部的革命进军的论文。1861年，恩格斯协助马克思写了一些关于美国国内战争的论文，这些论文都是专门为维也纳的《新闻报》写的。1860年—1861年，恩格斯为英国的一家军事杂志撰稿，就各种军事问题写了论文，1862年—1864年，他又为德国的一家军事报纸撰稿。恩格斯发表了一系列关于1866年普奥战争的论文和关于1867年—1871年普法战争的论文。此外，马克思和恩格斯还为美国百科全书写了约80篇军事论文，其中大部分都是由恩格斯执笔(如《军队》、《炮兵》、《骑兵》、《步兵》等长篇论文)。

第五节　知识渊博的匿名军事家

恩格斯在发表那些卓越的军事论文时，通常并不署名，读者都以为作者是某个当时声望显赫的杰出的军事专家。恩格斯有极其广阔的政治视野和丰富的经济知识，他对国际关系有精辟的理解，这关键在于他巧妙地掌握了马克思主义的天才的方法——唯物辩证法。这一切使恩格斯和狭隘的军事学术专家截然不同，他把战争看作决定于社会发展和阶级斗争的全部进程的一种社会现象。

在《反杜林论》一书中,恩格斯给马克思主义关于战争和军事的观点下了一个综合性的定义。他在这本书中写道:"没有一件东西像军队和舰队那样完全取决于经济条件,军备、人员、组织、战术和战略首先是由当时所达到的生产水平与交通工具所决定的。在这里,起革命作用的不是天才将领的'头脑的自由创造',而是更好的武器的发明与活的军队成分的改变;天才将领的影响,最多只限于使战争的方式适合于新的武器和新的战士而已。"从这一观点出发,恩格斯在《反杜林论》一书中卓越地描绘了军事艺术发展的历史面貌。

恩格斯在这一著作中预言性地指出,1870年普法战争以后开始发展起来的军国主义将使资本主义社会的一切矛盾尖锐到极端,尖锐到极限,从而使服务于统治阶级的军队转变为胜利的无产阶级革命的强大因素。他写道:"军队变成了国家的主要目的,变成了目的本身;人民只是为了供养士兵而存在。军国主义统治着欧洲并吞噬着欧洲。但是这种军国主义本身就隐藏着自我毁灭的萌芽。一些国家间的互相竞争,一方面迫使它们每年都在陆军、海军、大炮等方面花费愈来愈多的钱,从而愈来愈加速了财政的破产;另一方面又迫使他们更严厉地实行全国征兵制,从而终于教会了全体人民使用武器并使他们有可能在一定的时机反对统率他们的军事首长，实现自己的意志。而这一时机，只要人民群众（城乡的工人和农民）具有自己的意志，就会到来的。在这个阶段上，君王的军队将变成人民的军队，机器将拒绝效劳。军国主义也将由于自身的辩证的发展而毁灭。"

恩格斯的巨大的军事遗产，直到现在还有价值。

第九章　为革命事业忍耐"鬼商业"

第一节　红色的资本家

　　1848年到1849年的欧洲资产阶级革命结束，1949年8月和11月，马克思和恩格斯相继来到伦敦。政治上的迫害和物质上的困苦一起降临在他们头上，尤其是马克思。恩格斯担心极端没有保障的生活不但会埋没马克思的天才，剥夺他进行理论研究和革命活动的可能，甚至会使马克思一家在贫困中死去。恩格斯为了能向马克思提供物质上的帮助，为马克思一家的生活提供基本保障，使他有可能继续研究经济理论和从事革命活动，自己心甘情愿地做出一切牺牲。在当时的条件下，唯一的办法就是回到父亲与人合伙经营的欧门—恩格斯纺纱公司，从事"该死的生意经"，把挣来的钱用于担负马克思一家的大部分开支。

1850年11月，恩格斯到曼彻斯特，回到了欧门—恩格斯纺纱公司，给公司经理欧门当助理。后来，随着业务能力的增强，恩格斯渐渐成为他父亲在公司的全权代表。

1861年，在父亲去世后，恩格斯便正式成为公司的合办人，一跃而变为大股东，真正成为红色资本家。

第二节 "鬼商业"下的双重身份

从办事员到公司代理人，再到公司股东，这种"鬼商业"对恩格斯来说并不轻松，而是"苦刑式的工作"。在这个煤烟笼罩的城市里，恩格斯坐在只能看见天井的阴暗房子里，每天要工作十个钟头或者更长的时间，从事琐碎、呆板和单调的工作：处理来往商函，研究商务报告和交易所的行情；大量抄写发往法国、意大利、瑞士、德国、奥地利、俄国、美国和印度的商业信件；摘记办事处的业务情况，把所有收入和支出、销售和成交、订货和商务谈判都准确地按规定做好记录；此外还要经常进出交易所或者去货栈，同售货员、购货员打交道等。恩格斯多次写信告诉马克思说："我整天埋头在办事处，晚上七八点以前空闲时间，而最令人讨厌的是我现在必须把自己的全部注意力放在该死的生意上，否则这里一切都会弄糟，我的老头会停止给我薪水。"他觉得自己在那儿就像鱼在沙土上一样难以忍受。

最使恩格斯感到难受的是，与马克思的分离让恩格斯感到十分孤独、惆怅。最煎熬的是恩格斯在20年的工作时间里不得不扮演着双重角色，一方面为了公司的生存和发展，他必须设法为公司创造最大利润而尽一切努力，即便是他个人想从公司所创造的尽可能多的利润中留下一部分，以便支援马克思和自己与马克思所共同创造的事业这个角度来说，也必须这么做；另一方面作为一个共产主义者，无论是从理论上还是从实践上来说，他都在努力为消灭资本家对工人的剥削而奋斗。

在恩格斯心里，身为共产主义者却"在外表地位上做一个资产者和一个做生意的牲口"。由于商业活动的需要，恩格斯不得不和那些与他格格不入的人周旋，在上流社会中交际应酬，适应英国商界人士的习惯。这一切，对非常厌恶资产阶级伪善嘴脸的恩格斯来说，并不是一件容易的事。但他从无产阶级的整体利益考虑，认为在资本主义的条件下，要设法使金钱力量为革命事业服务，用资产阶级的武器打击资产阶级，所以默默忍受着。

从事"鬼商业"占用了恩格斯绝大部分的时间，耗费了他的宝贵精力。他只能利用星期天和夜晚休息时间进行理论研究和革命活动，这使恩格斯非常苦恼。有一次，他写信给马克思说："我最渴望不过的事情，就是摆脱这个鬼商业，它占去了一切时间，使我的精神完全沮丧了。只要我还在经商，我就什么也不能干。"为了使恩格斯摆脱商业枷锁，1853年底，马克思曾写信给恩格斯，打算在伦敦创办一个英文通讯社，这样他就不用在曼彻斯特受折磨了，自己也不会为债务所累了。后来，恩格斯也曾打算回伦敦去从事写作。但是由于马克思的经济求援，恩格斯决心不管时间多么长，只要革命事业需要，只要友谊有必要这样做，他就继续忍受这样的"鬼商业"的折磨。

第三节　为友谊提供源源不断的资金

恩格斯的经济收入开始时并不富裕，没有固定的薪金，他自己省吃俭用，绝不乱花一分钱。他写信给马克思说："你知道，我们计算得很紧，根本没有多余的钱可以乱花。所以我从7月1日起把所有的开支都记录下来，好看一看，有多少钱花在各种无用的事情上了，紧急的情况下应当从何处紧缩。"

20余年时间里，恩格斯持续不断地给马克思汇钱，一次又一次地把马克思从贫困的深渊中解救出来。马克思感激地说："星期六收到的钱真是'救命钱'，因为一部分无赖债主那天发起了总攻击。非常感谢你胜利地把我从金钱的魔爪中解救出来，愿你的名字得到赞美。"

逢年过节或者赶上马克思的家人生病时，恩格斯总是寄去钱或者礼物。1866年圣诞节前夕，马克思夫人燕妮收到礼物后给恩格斯的复信中写道："筐子刚送到，酒瓶摆得整整齐齐，摆在最前面的是莱茵酒！星期六寄来的10英镑使我们能够经受住圣诞节的猛烈冲击，并且愉快地度过圣诞节前夕。今年的酒来得特别及时。非常感激您对我们家的帮助。"

第四节　坦然面对外界误解

恩格斯长期从事商业，是为了友谊，为了事业而做的牺牲，有人对恩格斯曾经当过商人的经历感到惊讶，也有人曾妄图以此败坏恩格斯的声誉。恩格斯襟怀坦荡，光明磊落，他坦然地说："一个人自己可以当一个不错的交易所或者经纪人。同时又是社会主义者，并因此仇恨和蔑视交易所经纪人阶级。难道我什么时候会想到要为我曾经当过工厂股东这件事进行辩解吗？要是有人想要在这方面责难我，那他就会遭到惨重的失败。如果我有把握明天再交易所赚100万，从而能使欧洲和美洲的党得到大批经费，我马上就会到交易所去。"

马克思对恩格斯的巨大牺牲和无私支援是无比感激的，他把他们之间的友谊看成是神圣不可侵犯的。有一次，党内一位同志冒昧地谈到恩格斯，说像恩格斯这样有钱的人应该为马克思摆脱困苦的物质生活多操些心。马克思认为，谁都没有权利来干预恩格斯和他的友谊。他写道："您完全误解了我和恩格斯的关系。他是我最亲近的朋友，我和他之间没有什么秘密。要不是他，我早已经被迫去干某种'有收入的工作'。因此我绝不需要任何第三者为我去向他提出要求。"

第五节　重获自由与解放

随着欧洲革命形势的发展，恩格斯想结束商业活动的愿望也越来越强烈。那时，《资本论》第一卷已经出版，马克思的经济条件也稍好了一些，恩格斯就决定结束商业活动。1869年7月，他兴奋地写信告诉马克思："好啊！从今天起再不搞可爱的商业了，我是一个自由的人了。"马克思写信热烈地祝贺他获得解放。1869年6月30日，恩格斯最后一次到公司去的那天早晨，穿着一双皮靴，高兴地喊着："最后一次了！"几个小时后，他挥着手杖，容光焕发地唱着歌回到家里。当时，马克思的小女儿正在恩格斯家里做客，为了庆祝恩格斯获得自由，他们就像过节一样喝着香槟酒，陶醉在幸福之中。多年来压在恩格斯肩上的重担终于卸了下来，他简直高兴得不得了。第二天，他就给母亲写信说："亲爱的妈妈，今天是我自由的第一天，我刚刚获得的自由使我高兴极了。从昨天起，我已经完全变成另一个人了，年轻了10岁！"

在结束商业工作以后，恩格斯迁居伦敦，开始和马克思在一起工作和研究。

第六节　20年通信联络

　　1850年11月到1870年9月，恩格斯因从事商业活动而与马克思分开的20多年时间里，他们几乎每天通信，保存下来的信多达1344封。只要有一方回信稍慢一些，另一方就会感到不安。有一次，恩格斯隔了一些日子没有写信，马克思就忧心忡忡地写信询问："亲爱的恩格斯，你是在哭还是在笑？是在睡觉还是醒着？最近三个星期，我往曼彻斯特寄了各种各样的信，却没有收到一封回信。"有一次，马克思有一段时间没有写信，恩格斯怅然若失，深感不安，他写道："老摩尔，老摩尔，大胡子的老摩尔！你出了什么事，怎么听不到你一点儿消息？你有什么不幸，你在做什么事情？你是病了？还是陷入了你的政治经济学的深渊？还是别的什么？"

　　他们在通信中，经常讨论各种问题，谈论对形势的看法，研究革命的策略。两位朋友谈论的问题非常广泛，有哲学、政治经济学、社会主义、历史、语言学、军事学、文学艺术以及自然科学等许多领域的问题。他们密切关注世界发生的社会和经济问题以及各国的政治事件，在书信中坦率地陈述自己的看法。无产阶级斗争的战略和策略问题是他们讨论的重要课题。他们在研究讨论问题时，始终是真正的思想交流，互相把自己的新想法或者科学上的假设告诉对方，共同商量，提出质疑，进行答辩，互相补充。

马克思在一封信里对恩格斯说："我在我的批判中要推翻许多旧东西，因此我想有几点要预先同你商量下。"他们的书信可以说是他们从事理论研究和革命斗争的编年史，充分反映了两位伟大的思想家的理论和实际工作，反映了他们在科学和革命实践各个方面的创造性的合作。

这些书信是国际共产主义运动发展的活生生的历史记录，是马克思主义宝库中的重要文献，是一部丰富多彩的百科全书。

正是这样，他们为世界无产阶级的解放和共产主义事业做出了巨大的贡献，并建立了令人赞叹的终身革命友谊。

第十章　恩格斯和白恩士姐妹的爱情

第一节　第一任妻子玛丽·白恩士

1842年11月底，恩格斯到曼彻斯特欧门—恩格斯纺织公司工作，不久，他就认识了一位爱尔兰纺织女工，名字叫玛丽·白恩士，她比恩格斯小1岁，全家都是工人，父亲迈克尔·白恩士是染色工人。玛丽以她独特的魅力、爽朗的性格、大方的举止以及野蔷薇般的美丽和黑亮勇敢的目光，吸引着22岁的恩格斯。

17世纪中叶，爱尔兰沦为英国第一个殖民地，很多爱尔兰人被迫背井离乡，流落英国，沦为雇佣奴隶，深受民族和阶级的双重压迫。粗犷、热情的爱尔兰人民富于斗争传统，为了独立和生存进行了长期的英勇斗争。民族的苦难、阶级的仇恨在玛丽的心田里埋下了反抗的种子。玛丽从小生活在曼彻斯特的工人中间，她熟悉无产阶级的困苦和斗争,对英国资产阶级感到非常愤怒。玛丽的反抗精神引起了恩格斯的注意,唤起了他对被压迫人民的深切同情,增强了他献身于工人阶级解放事业的决心。

玛丽熟悉"小爱尔兰区"的每条街道,在她的陪同下,恩格斯常去工人区深入考察工人的劳动和生活状况。恩格斯还和玛丽一起兴趣盎然地参加工人们的社交集会。星期天,他们参加曼彻斯特"共产主义大厅"里举行的晚会。晚会上人们不分男女、老少、尊卑,坐在一起吃便饭——茶和奶油面包,大厅里还经常举行舞会和音乐会,人们在那里玩得很高兴。

恩格斯通过调查研究,深刻地认识了资本主义社会的矛盾,认识了无产阶级的命运和力量,同时也深深地爱上了这个爱憎分明、心地善良和热情奔放的爱尔兰姑娘,玛丽也深爱着一心一意为工人谋解放的恩格斯。共同的阶级感情和奋斗理想,把这一对不同国籍、不同身份的青年人紧紧地结合在一起。

1845年,恩格斯在布鲁塞尔和马克思一起从事革命活动和科学研究。在圣若塞·汤·诺德工人区的同盟路7号,他租了一所房子,离马克思一家住所不远,玛丽从英国来到布鲁塞尔,和恩格斯一起生活。这对年轻的情侣蔑视资产阶级上流社会的奢繁礼仪,他们冲破旧俗,在自由的、互敬互爱的结合中开始了共同的生活。

在这个时期,恩格斯和玛丽的生活十分困难,甚至有时要靠典当维持生计。他在给妹妹的信中说，出现这些麻烦，是因为一个冬天他在写作方面都几乎没有挣到一分钱。因此他和妻子不得不几乎完全靠家里寄钱度日，由于经济情况恶劣，他们不能支付同盟路7号的房租，只好搬到房租更为低廉的圣居杜尔平原路19号"野林"旅馆。

恩格斯与玛丽的婚姻，使许多人感到不可理解，因为无论从恩格斯的家庭出身来讲，还是从他的文化水平来讲，他完全可以在上流社会物色一个"门当户对"的阔小姐。可是他没有那样做。他把爱情献给了一位目不识丁、一贫如洗的纺织姑娘，共同度过他们美好的青春。

虽然出身和文化水平不同，但他们心犀相通，共同的思想火花很快就升腾为热烈的爱情。玛丽对恩格斯的爱是忠诚和真挚的，在长期的艰苦岁月中，对恩格斯来说是极大的支持和安慰。

1850年以后，恩格斯重新回到曼彻斯特从商。白天忙碌不息，一到晚上和星期天，他从闹市区回到市郊小房子里，回到玛丽的身边时，就可以摆脱庸夫俗子们的纷扰，避开上层社会的乌烟瘴气的熏染，会晤革命同志，致力于理论研究。玛丽无微不至地照顾恩格斯的饮食起居，使恩格斯感到安宁和休息，感到无限幸福。正如马克思在给恩格斯的信中说："你在玛丽那里有个家，在那里你感到自在，而且在那里只要你愿意，总是可以避开人世间的一切肮脏事。"

1856年5月，玛丽陪同恩格斯到爱尔兰进行考察旅行。他们从都柏林到西海岸的高尔威，接着向北往内地到里美黎克，沿善农河而下，到塔尔博特、特勒利、基拉尼，然后回到都柏林，行程500英里，走遍爱尔兰的三分之二领土。

1863年1月6日夜间，玛丽因心脏病发作突然去世。这对恩格斯来说是一个晴天霹雳，他沉浸在无限悲痛之中。他在给马克思的信中写道："我无法向你说出我现在的心情。这个可怜的姑娘是以她的整颗心灵爱着我的。"

第二节　第二任妻子莉希·白恩士

玛丽的突然去世，给恩格斯的生活带来了极大的痛苦和不便，玛丽的妹妹莉希也深深地怀念着她的姐姐，同时无限同情恩格斯的处境。她从小在姐姐身边长大，以后又一直跟姐姐住在一起，长期受到恩格斯的亲切关怀。在恩格斯需要帮助的时候，她毫不犹豫地帮助恩格斯料理生活。以后，恩格斯和莉希日益亲近，由互相同情和倾慕而产生了爱情，他们也没有举行什么宗教仪式的婚礼就共同生活了。

莉希比恩格斯小7岁，她和姐姐一样，没有受教育的机会，不会读书写字。但她天资聪颖，爱憎分明，以清醒的头脑和批判的眼光去观察周围的世界。她赞成恩格斯的革命观点，热情支持他和马克思共同为之献身的事业。

莉希有强烈的阶级意识和爱国热忱。恩格斯无比自豪地称道:"我的妻子是一个具有革命信念的爱尔兰人。"她和她的同胞保持着联系,非常熟悉他们的秘密活动。有不少参与爱尔兰民族解放斗争的勇敢的战士把恩格斯的家当作避难所。

恩格斯关心爱尔兰民族解放斗争,收集和研究了许多有关英国统治爱尔兰的历史文件。为了进一步熟悉这个国家,以便写一部论述爱尔兰历史的著作,恩格斯偕同莉希与1869年秋再次到爱尔兰进行考察旅行。他们从首都都柏林到西海岸,从中部平原到威克洛山区,走遍了爱尔兰大部分地方。恩格斯以爱尔兰为例,指出殖民主义不仅给被压迫民族带来的无穷灾难,而且也给压迫民族带来了一些恶果。他说:"从爱尔兰历史的例子中就可以看到,如果一个民族奴役其他民族,那对它自己来说该是多么的不幸。"

恩格斯和莉希共同工作,互相关心,日子一直过得十分美满。莉希对恩格斯关怀备至,恩格斯对莉希体贴入微。莉希是一个坚强的人,为了不影响恩格斯的工作,她患病也不愿声张,不让恩格斯为她奔忙。而恩格斯则想方设法让她得到治疗和修养,不辞辛苦地精心照料。可是到了1877年,莉希的病情还是严重了,恩格斯特意陪她到苏格兰山区疗养。

恩格斯为了减轻莉希的劳累,承担起一部分家务劳动。1878

年夏天，莉希病情恶化，卧床不起，同年秋天，莉希病痛愈来愈严重，她在病床上请求丈夫履行一个正式结婚手续。

恩格斯满足了妻子的这个临终要求，在1878年9月11日晚上和她举行了结婚仪式。几个小时后，莉希就在恩格斯的怀抱中离开了人世。

第十一章　为共产主义事业而奋斗

第一节　世界观的转变

《德法年鉴》上的文章标志着马克思和恩格斯伟大友谊的开端，也标志着马克思和恩格斯世界观转变的完成。从此以后，马克思和恩格斯就不再只是具有自由、民主、进步倾向的激进派人士，而是为了无产阶级的解放事业而奋斗的无产阶级革命家了。

德国的古典哲学，是马克思、恩格斯世界观转变的理论来源，代表人物主要是费尔巴哈（1804—1872）和黑格尔（1770—1831）。其中，费尔巴哈曾是青年黑格尔派的成员之一，但不久，对黑格尔思辨哲学的批判使得费尔巴哈成为青年黑格尔派的第一个叛逆者。他第一个站出来，不仅公开地举起了反对宗教神学的旗帜，而且举起了反对黑格尔唯心主义哲学体系的旗帜。

通过不断地研究与钻研，马克思和恩格斯摒弃了黑格尔哲学的唯心主义外壳，批判地吸取其辩证法中的"合理内核"，进行革命的改造，创立了唯物辩证法。同时，马克思和恩格斯摒弃了费尔巴哈哲学的唯心主义外壳，吸取了他的唯物主义的"基本内核"，创立了科学的辩证唯物主义。

第二节 《政治经济学批判大纲》发表

《政治经济学批判大纲》是恩格斯的最早的经济学论文，也是马克思主义政治经济学的第一部开创性的著作。该文恩格斯写于1843年底至1844年1月，发表在1844年出版的《德法年鉴》创刊号上。

恩格斯于1842年到曼彻斯特后，目睹了资本主义大生产高度发展的实况及其后果，使他认识到要彻底否定资本主义制度，仅靠抽象理论和人道主义的批判是无济于事的，必须从经济问题的研究入手，寻找资本主义社会的内在运动规律。为此他集中精力阅读了资产阶级经济学家亚当·斯密、大卫·李嘉图等人的著作，联系英国资本主义经济发展的实际，研究了政治经济学问题，写了《政治经济学批判大纲》一文。

这篇文章，恩格斯对资产阶级政治经济学的产生、发展及其实质作了深入考察，恩格斯通过对资本主义经济的分析、批判，得出了社会主义革命不可避免的科学结论。

马克思认真研读了恩格斯的《政治经济学批判大纲》，并作了详细的要点摘录。可以说，这篇论文成了马克思毕生矢志研究政治经济学的出发点。为此，马克思在著名的《1844年经济学哲学手稿》的序言中高度评价了恩格斯的这篇文章，认为这是一本在经济科学方面内容丰富和具有独创见解的著作。在马克思《1844年经济学哲学手稿》这部极为重要的早期著作中，有许多重要观点显然受到了恩格斯的启发和影响。直到马克思后来成为最卓越的经济学大师后，他仍不止一次地肯定过恩格斯的这本著作。在《政治经济学批判大纲》序言中，马克思称赞恩格斯的这本著作是"批判经济学范畴的天才大纲"。在《资本论》这部政治经济学旷世巨著中，马克思也多次引用过恩格斯的这部著作。

当然，尽管恩格斯的这部著作有许多优点，受到了马克思的高度重视和良好评价，但它毕竟是恩格斯早期思想转变过程中的一部著作，带有一些不成熟的特征。

第三节　与马克思共同创作第一部著作——《神圣家族》

《神圣家族》是马克思和恩格斯共同创作的第一部著作。本书写于1844年9月至11月间。当时马克思26岁，恩格斯只有24岁，

1845年2月在法兰克福出版了此书。

1844年8月，恩格斯到法国巴黎拜访了马克思。由于两个人观点完全一致，便开始了一生意义上的深远合作。当时，青年黑格尔派日益退化，通过鲍威尔主编的《文学总汇报》全力鼓吹自我意识的唯心主义哲学，反对马克思和恩格斯在《德法年鉴》上的观点。

对此两人决定一道写一本书，将自己与青年黑格尔派及其伙伴的思想借还击鲍威尔的机会来一次总清算，从思想上同他们彻底划清界限。于是，他们共同拟定了全书大纲，分配了各自负责的章节，合写了序言。书名原是《对批判的批判所作的批判，驳布鲁诺·鲍威尔及其伙伴》，在排印过程中，马克思加上了《神圣家族》的标题。借用意大利画家曼泰尼雅一幅关于圣母圣徒的宗教画的题目，来讽刺鲍威尔一伙。马克思、恩格斯通过对主观意志至上的思辨哲学的批判，证明了社会生活和物质利益决定人们思想的原理；通过对黑格尔唯心史观的剖析，提出了人民群众是历史的创造者的观点；通过对资本主义社会阶级结构的研究，论证了无产阶级的历史作用。

总之，马克思和恩格斯通过共同创作的第一部著作，把自己从思想上与鲍威尔兄弟及其一伙区别开来，并且基本上理清了自己的思路，为他们之间以后的默契合作打下了良好的基础。

第四节　恩格斯的传世之作出版

1845年5月，恩格斯的早期著作《英国工人阶级状况》一书在莱比锡出版。这本书的出版很快产生了广泛的影响，是世界科学社会主义最优秀的著作之一。

《英国工人阶级状况》是恩格斯在1842年11月至1844年8月，在英国曼彻斯特期间研究英国社会关系和政治关系，考察英国工人阶级的生活、劳动和斗争情况，遍访曼彻斯特的工厂和工人区，获得大量"亲身观察的可靠的材料"的基础上，在故乡莱茵省巴门市于1844年9月至1845年3月写成的。

在这本书中，恩格斯运用历史唯物主义基本观点，对资本主义经济、政治制度和阶级关系作了全面剖析，分析了资本主义生产方式必然导致的后果。恩格斯在总结英国工人运动经验教训时指出：由于整个资产阶级及其政党利用国家机器对工人阶级进行镇压，因此，无产阶级"唯一可能的出路"就是进行暴力革命。他预言："总有一天，资产阶级的整个国家的和社会的建筑物将连同它的基础一同倾覆。"

总之，《英国工人阶级状况》中论及的无产阶级革命和社会主义等新思想、新观点，为科学社会主义学说奠定了坚实基础。马克思高度评价了这部著作，赞扬这部著作"写得多么清新、热情和富于大胆的预料，丝毫没有学术上和科学上的疑惑！"同时恩格斯在晚年为本书写的序言中也指出过，本书还存在德国古典哲学的痕迹。这些痕迹，正反映了科学社会主义理论的"胚胎发展的一个阶段"。

第五节　引发哈哈大笑的著作——《德意志意识形态》

马克思和恩格斯合写于1845年9月至1846年夏初的著作《德意志意识形态》一书，是一部充满了诙谐、幽默和讥讽的著作，充满了年轻人的活力，他们两人常常为了其中的某些段落和句子兴奋得哈哈大笑。

1845年春，马克思、恩格斯移居布鲁塞尔后，关注着日益发展的欧洲革命形势，同一些工人组织保持着联系，同时继续进行着建立科学共产主义体系的理论研究。这时，青年黑格尔派首领鲍威尔和青年黑格尔派分子、无政府主义思想家施蒂纳，在《维干德季刊》1845年第三卷上，著文批判马克思和恩格斯，并再次宣扬他们所谓的社会主义理论。马克思、恩格斯决定撰写一部专著来全面驳斥鲍威尔和施蒂纳的错误观点。结果他们经过近一年的紧密合作和勤奋著述，基本完成了预定计划，写成本书。

在书中，马克思、恩格斯论证了历史唯物主义的一系列基本原理，指出了费尔巴哈唯物主义的局限性，完成了对青年黑格尔派的最后批判，揭露了"真正的社会主义"的反动实质。本书首次确立了"唯物主义历史观"的科学概念，奠定了科学共产主义的哲学基础，标志着马克思主义第一个伟大发现的初步完成。在马克思逝世后，恩格斯在整理马克思的文稿时，将其中最有趣的部分读给马克思的小女儿和海伦·德穆特听。海伦·德穆特说："现在我才明白为什么在布鲁塞尔的时候，你们两人天天晚上这样哈哈大笑，使得家里人都不能入睡了。"

第六节 恩格斯早年召集三次讨论共产主义问题的集会

1845年2月8日、15日和22日，恩格斯在家乡德国的爱北斐特组织召集了三次讨论共产主义问题的集会。第一次会议的参加者有40人，第二次130人，第三次达200人。恩格斯在8日和15日的会议上发表了演说，在演说中，他为了让听众接受自己的观点，便借助于当时影响极大的空想社会主义者对资本主义的揭露和批判以及自己在英国实际观察得来的材料，深刻地抨击了资本主义制度的弊端和罪恶，揭示了将使资本主义走向灭亡的内在矛盾，论证了共产主义取代资本主义的历史必然性。

恩格斯详细地论证了未来共产主义制度的现实性和优越性。他指出：未来建立在社会公有制基础上的共产主义社会，将消除现在造成贫困、愚昧和罪恶的根源，"在共产主义社会里，人和人的利益并不是彼此对立的，而是一致的，因而竞争就消失了。

当然也就谈不到个别阶级的破产，更谈不到像现在那样的富人和穷人的阶级了。在生产和分配必要的生活资料的时候，就不会再发生私人占有的情形，每一个人都不必再单枪匹马地冒着风险企求发财致富，同样也就自然而然地不会再有商业危机了。在共产主义社会里无论生产和消费都很容易估计。既然知道每一个人平均需要多少物品，那就容易算出一定数量的人需要多少物品；既然那时生产已经不掌握在个别私人企业主的手里，而是掌握在公社及其管理机构的手里，那也就不难按照需求来调节生产了。"

总之，恩格斯的讲演充满了许多天才的科学预见。

第七节　恩格斯组建共产主义小组

1846年8月，恩格斯受马克思和布鲁塞尔共产主义通讯委员会的委托，专程来到法国巴黎，开展反对"真正的社会主义者"的斗争，并且团结先进工人，筹建通讯委员会的巴黎组织。

在此过程中，恩格斯同他们进行了三次面对面的辩论。第一次是围绕着蒲鲁东——格律恩的协作社计划进行的，艾泽曼等人把它称之为无产阶级解放的唯一途径。恩格斯则论证了暴力革命在实现无产阶级解放过程中的极端必要性。第二次是关于共产主义的科学含义，恩格斯强调指出，共产主义的宗旨在于：（1）维护同资产者利益相反的无产者的利益；（2）用消灭私有制而代之以财产公有的手段来实现这一点；（3）除了进行暴力的民主的革命以外，不承认有实现这些目的的其他手段。第三次以13票对2票的表决结果，表示赞成和遵守恩格斯为共产主义规定的宗旨。在此基础上，恩格斯顺利地建立了两个共产主义小组。

第八节　共产主义者同盟的建立

1845年至1846年间，整个欧洲陷入了经济困境，农业出现了严重的歉收，老牌资本主义国家英国出现了严重的经济危机，然后这一危机迅速地由英国波及到整个欧洲大陆。在这样的情况下，欧洲酝酿着新的革命风暴。

面对这种形势，1846年11月，正义者同盟的领导建议在次年5月初召开一次代表大会。于是，正义者同盟的第一次代表大会于1847年6月2日至9日在伦敦举行，大会讨论了新的章程草案和新的纲领草案，草案中包含着马克思和恩格斯的重要思想。参加会议的共有十几位代表，恩格斯作为巴黎选派的代表，马克思本人由于筹集不到足够的旅费不能前来参加会议，但对整个大会提出了指导性意见。代表大会把恩格斯起草的《共产主义信条》草案作为纲领的基础，并在会后分送各地方支部讨论，然后再递交给下一次代表大会批准。

在这次会议上，正义者同盟改名为共产主义者同盟，同盟的目标更加明确了。大会的中心议题是讨论通过由恩格斯和沃尔弗起草的新章程草案。大会抛弃了"人人皆兄弟!"的旧口号,而代之以"全世界无产者,联合起来!"这一具有鲜明的阶级含义的新口号,这一新口号体现了无产阶级的国际主义原则。大会选举了中央机构的成员,沙佩尔为主席,马克思、恩格斯等为中央委员。

共产主义者同盟的建立标志着无产阶级政党的创建,这个政党不同于以往的组织,它是以一定的科学理论为基础的,马克思和恩格斯通过这一组织向各国无产阶级宣传自己的思想和主张。

大会结束以后,马克思和恩格斯就全力以赴地从事共产主义者同盟的工作,原共产主义通讯委员会并入了同盟。1847年8月5日,布鲁塞尔成立了共产主义者同盟的支部和区部委员会,马克思担任布鲁塞尔支部的同盟主席。

1847年8月底,马克思和恩格斯在布鲁塞尔成立了德意志工人协会,对流亡比利时的德国工人进行政治启蒙教育和宣传科学共产主义思想。该协会团结了侨居比利时的德国无产阶级革命者,建立了合法的公开活动中心,开展了多种多样的活动。马克思、恩格斯经常参加协会的活动并发表演说,培养优秀会员。

这个公开的工人组织发展迅速,在短时期内就拥有会员约百人。协会会员每星期三和星期日晚上举行集会。星期三,讨论有关无产阶级利益的重大问题;星期日,则由主席作例行的每周政局评论，然后进行各种文娱活动。各小组都成立了图书室，有条件的地方还给工人开班讲授基本知识，提高工人的理论水平和阶级觉悟。

1847年11月29日至12月8日，共产主义者同盟第二次代表大会在英国伦敦举行。参加会议的有来自德国、英国、法国、比利时、瑞士等国家的代表，马克思和恩格斯都积极参加了代表大会。

会上，中心议题是讨论同盟的纲领。马克思在会上充分展示了他的演说才能，他那严谨的逻辑论证和雄辩的说服力给人们留下了深刻的印象，树立起了无产阶级革命领袖的形象。同时，大会还委托马克思和恩格斯起草一份党的纲领。

这次大会批准了经过辩论之后再次修改的章程，明确宣布了同盟的目的是"推翻资产阶级政权，建立无产阶级统治，消灭旧的以阶级对立为基础的资产阶级社会和建立没有阶级、没有私有制的新社会"。代表们一致赞同马克思和恩格斯阐述的原理。至此，马克思和恩格斯进行了多年的理论研究成果已经转化为直接的政治实践，指导着无产阶级的革命运动。

在共产主义者同盟召开的第二次代表大会上，大会委托马克思和恩格斯起草一份党的纲领。会后，马克思和恩格斯先后来到布鲁塞尔，为共产主义者同盟撰写纲领——《共产党宣言》。到1848年1月，《共产党宣言》的撰写工作全部完成。2月初，英国伦敦的中央委员会收到了这份划时代的宣言，并对宣言感到非常满意，没做任何修改就认可了，并很快得到印刷传播。

《共产党宣言》以马克思和恩格斯对人类社会发展规律的研究为基础，科学地揭示了无产阶级消灭一切阶级剥削和阶级压迫的历史使命，揭示了以生产资料私有制为基础的资本主义社会必将被以生产资料公有制为基础的社会主义社会所取代的历史必然性。

《共产党宣言》是共产主义运动有史以来所出现的一部最科学、最具有历史意义的文件，它完整而系统地体现了马克思和恩格斯对共产主义运动本质的理解，这一理解又是建立在对人类社会发展规律的认识基础之上的。

总之，《共产党宣言》是马克思和恩格斯共同商讨创作的，充分说明对一些基本问题的看法他们已经完全达成了默契。

第九节　恩格斯受到反动政府通缉

1848年，恩格斯与马克思在莱茵省科伦操办《新莱茵报》期间，由于刊物办得具有明显的革命性质，故被反动政府极端仇视，并采取一系列恶毒措施，对编辑人员实行各种迫害。

9月30日，科布伦茨的警察搜查恩格斯住宅时，既没有找到恩格斯，也没有发现可以陷罪于他的文件。在一群聚集在住宅门前的民众的嘲笑和大喝倒彩之下，枉费心机的司法官员和警察灰溜溜地走了。但检察官发出了通缉令。这一通缉令在恩格斯逃亡期间，曾追踪发往他所到的几个欧洲国家。

第十节　一位工人对马克思、恩格斯的印象

马克思主义的产生和传播，使工人阶级受到了极大的鼓舞。一位曾见过马克思和恩格斯的裁缝工人弗里德里希·列斯纳（1825—1910）这样回忆道："在1847年11月底又召开了共产主义者同盟第二次代表大会。这次，卡尔·马克思也出席了大会。他和恩格斯分别从布鲁塞尔和巴黎来到伦敦，目的是要在同盟代表大会上捍卫科学共产主义的原理。不久我们就听说代表大会一致赞同了马克思和恩格斯所阐述的原理，并且委托他俩起草宣言。后来，1848年初从布鲁塞尔送来了《共产党宣言》手稿。我把手稿送到印刷所，并从那里取得清样交给卡尔·沙佩尔校对。那是我生平第一次看到马克思和恩格斯。他俩给我的印象是永远不会磨灭的。马克思当时还很年轻，大约28岁到30岁之间。他中等身材，结实有力，肩宽额高，满头密密的黑发，目光炯炯，能洞察一切。就在那时他的尖刻的讽刺已足以使他的论敌丧胆了。马克思是天才的人民领袖。他发表的演说简洁而有条理，逻辑性很强；他绝不浪费笔墨，一字一句都有深刻的涵义，都是整个论

据中不可缺少的一环。在马克思身上嗅不到一点空想家的气息。我越是深刻地了解魏特林时期的共产主义和《共产党宣言》的共产主义之间的差别，就越是清楚地感到马克思是成熟的社会主义思想的代表。

弗里德里希·恩格斯是马克思的精神上的兄弟，一望而知是典型的日耳曼人。他体格匀称，举止灵活，有金黄色的头发和漂亮的胡子。他不大像一个学者，倒像一个年轻有为的近卫军上尉。恩格斯本人对科学共产主义的创立和传播做出了很大的贡献，但是常常强调他那不朽的朋友所起的作用。恩格斯是这样的人，只要我们对他的了解越深刻，我们也就会越敬爱他。"

第十二章　恩格斯的葬礼

到生命的最后几天，恩格斯仍不忘革命事业，他希望活到"无产阶级获得胜利、阶级对抗和各国人民之间的战争已被消灭、在各文明国家里和平和幸福已经实现"的时候。他还希望积极参加将来的决战，只是惋惜再不能骑马了。他还希望用他剩下的最后力量来为无产阶级事业奋斗。恩格斯在答谢对他的生日的祝贺的时候写道："当我不能进行斗争的时候，就让我死去好了。"

然而岁月是无情的。1894年12月4日，他写信告诉左尔格说他虽然还精力充沛，对工作的渴望丝毫未减，并且还具有相当的工作能力，但是他在75岁这年，已经不如以前那样健壮了。在恩格斯写这些话的时候，他的旧病——喉头癌已经损伤了他的身体，以前，医生一直隐瞒着他。很快病情就急剧地恶化了，他感到了剧烈的疼痛。据当时到伦敦来的阿德勒说，恩格斯是"以斯多葛精神，甚至以幽默的精神"忍受这种疼痛的。恩格斯虽然不知道病的诊断情况，可还是感到自己已经接近生命的终点。他在死亡面前表现出了勇敢镇静的态度。

1895年8月5日晚11时左右，弗里德里希·恩格斯与世长辞了。遵从恩格斯的吩咐，他的葬仪举行得简单朴素。参加追悼会的只有从各国来的一些亲近的朋友，一共约有80人。其中有德国党的李卜克内西、倍倍尔和辛格尔，有法国党的拉法格，有领导英国工人运动的爱琳娜·马克思、艾威林和奎尔奇，有比利时的安赛尔，有俄国的维拉·查苏利奇和斯捷普尼亚克（谢·米·克拉夫钦斯基），有意大利的瓦列拉，等等。其中，李卜克内西、倍倍尔、拉法格、赛姆·穆尔等都发表了演说。

遵从恩格斯的遗嘱，他的遗体被火葬了，骨灰罐被送到恩格斯心爱的休息之地——伊斯特勃恩海岸。在一个暴风骤雨的秋日，惊涛骇浪吞没了他的骨灰。

知识链接

拜金主义

　　拜金主义是一种在近代兴起的价值观,持此观念的人认为"在社会上,无钱万万不能"、"金钱至上",这种价值观被认为起源于资本主义鼓励人类追求自我物质利益的思想主张,而许多广告也被认为有助长社会整体拜金主义风气的作用。拜金主义经常引起许多批评,尤其被保守派的人士抨击为造成现代社会物欲横流、道德沦丧的象征之一。批评者认为,拜金主义者太过强调金钱的重要性,以致拜金主义者变得唯利是图,对许多事物经常只看得到表面,看不到其内涵,精神层面也极为空虚。然而也有人认为,追求更好、更富裕的生活是所有人类的本性,而拜金主义不过是在现代资本主义社会的风气下,人类此种本性的一种反映而已。

辩证法

辩证法是关于对立统一、斗争和运动、普遍联系和变化发展的哲学学说，源出希腊语"dialego"，意为谈话、论战的技艺，指一种逻辑论证的形式。现在用于包括思维、自然和历史三个领域中的一种哲学进化的概念，也用来指和形而上学相对立的一种世界观和方法论。

辩证唯物主义

辩证唯物主义，是马克思、恩格斯批判地吸取德国古典哲学——黑格尔的辩证法的"合理内核"和费尔巴哈唯物论的"基本内核"，在总结自然科学、社会科学和思维科学的基础上创立的系统科学的逻辑理论思维形式，是一种以马克思和恩格斯学说来研究现实的哲学方法，是用"辩证的观点"和"唯物论的观点"解释和认识世界的理论。一般认为"辩证唯物主义"和"唯物辩证法"在本质上是一致的。

辩证唯物主义的基本观点有：1.唯物主义认为，物质是第一性的，意识是第二性的。世界的本原是物质，世界的万事万物都是物质派生出来的。2.物质世界是按照它本身所固有的规律运动、变化和发展的。规律是客观的，是不以人的主观意志为转移的。3.辩证的唯物主义观点是相对于机械唯物主义而言的，即将辩证法与唯物主义相结合。

不可知论

不可知论是一种唯心主义的认识论，认为除了感觉或现象之外，世界本身是无法认识的。它否认社会发展的客观规律，否认社会实践的作用。不可知论最初是由英国生物学家T.H.赫胥黎于1869年提出的。不可知论断言人的认识能力不能超出感觉、经验和现象的范围，不能认识事物的本质及发展规律。在现代西方哲学中，许多流派从不可知论出发来否定科学真理的客观性，否认认识世界的可能性或者否认彻底认识世界的可能性。

德国古典哲学

德国古典哲学一般是指康德、费希特、谢林、黑格尔和费尔巴哈的哲学，是代表西方近代哲学的最高阶段。它继承了由德国哲学家莱布尼茨代表的唯理主义倾向，同时又受到了苏格兰启蒙运动中著名哲学家休谟的经验主义和怀疑论的影响，此外，以莱辛、歌德为代表的启蒙运动文学也对德国古典哲学起到了相当程度的影响。（斯宾诺莎的宿命论思想有时也被认为是德国古典哲学的重要思想来源之一。）在这些思想的共同影响下，德国古典哲学家总结并探讨了一系列哲学上的重大问题，尽管他们中的多数经常被泛泛地认为是唯心主义者，但他们的主张却不是统一的。

康德是一个二元论者和不可知论者，他为了调和唯理主义和经验主义，提出了自己的批判哲学。费希特则持有一种主观唯心主义（后期也被认为倾向于客观唯心主义），谢林和黑格尔有时候被认为是客观唯心主义者，但事实上他们的意见是非常不同的。直到费尔巴哈以一种唯物主义的观点对黑格尔宏大的形而上学体系提出抨击，从而终结了德国古典哲学。

德国古典哲学具有抽象性和思辨性的特点，同时它也是马克思主义的三个理论来源之一。此外，它提出了包括认识论、本体论、伦理学、美学、法哲学、历史哲学以及政治哲学等领域的各种重大问题和范畴，标志着近代西方哲学向现代西方哲学的过渡。

第二次工业革命

第二次工业革命，也称第二次科技革命，是指1870年至1914年的工业革命。其中西欧和美国以及1870年后的日本，工业得到飞速发展。第二次工业革命紧跟着18世纪末的第一次工业革命，并且从英国向西欧和北美蔓延。第二次工业革命以电力的大规模应用为代表，以电灯的发明为标志。

第二国际

第二国际，即"社会主义国际"，是一个工人运动的世界组织。1889年7月14日在巴黎召开了第一次大会，通过《劳工法案》及《五一节案》，决定以同盟罢工作为工人斗争的武器。组织后因第一次世界大战爆发而解散，其后伯尔尼国际成立并作为实体运作。第二国际所做出影响最大的动作包括宣布每年的5月1日为国际劳动节，宣布每年的3月8日为国际妇女节，并创始了八小时工作制运动。当今世界最大的政党组织"社会党国际"实际上为其延续，在二战后的1951年成立，成员均为原第二国际成员。

第一国际

第一国际，即国际工人联合会，1864年由英、法、德、意四国工人代表在伦敦开会成立，马克思代表德国工人参加该组织的工作，并逐渐用"科学社会主义"理论作为组织指导思想。由于会名太长，有时人们取它的第一个单词"International"代指，简称为"国际"，历史上即称为"第一国际"。1871年，第一国际法国支部参加并领导了巴黎公社运动。但是随着巴黎公社的失败，第一国际也日渐衰弱，1876年正式宣布解散。

法国1789年的资产阶级大革命

法国大革命，又称法国1789年的资产阶级大革命，是1789年在法国爆发的资产阶级革命，法国的政治体制在大革命期间发生了史诗性的转变：统治法国多个世纪的绝对君主制与封建制度在三年内土崩瓦解，过去的封建贵族和宗教特权不断受到自由主义政治组织和平民的冲击，传统观念逐渐被全新的天赋人权、三权分立等民主思想代替。

法国大革命始于1789年5月的三级会议。革命的头一年，第三等级的革命民众在6月发表了《网球场宣言》，7月攻占了巴士底狱，8月凡尔赛妇女运动迫使法国王室在10月返回巴黎。之后几年不断出现自由集会和保守的君主制度改革。1792年9月22日，法兰西第一共和国成立，路易十六在次年被推上了断头台。不断出现的外部压力实际上在法国革命中起到了主导作用，法国革命战争从1792年开始，取得了一个世纪以来法国未曾取得的胜利，并使法国间接控制了意大利半岛和莱茵河以西的领土。在国内，派系斗争及民众情绪的日益高涨导致了1793年至1794年恐怖统治的产生。罗伯斯庇尔和雅各宾派倒台以后，督政府于1795年掌权，直到1799年拿破仑上台后结束。

关于法国大革命的结束时间尚存争议，正统观点认为1799年的雾月政变为革命终结的标志；另有观点认为1794年7月雅各宾派统治的结束为革命的终结；还有观点认为1830年七月王朝建立是革命终结的标志。

现代社会在法国革命中拉开帷幕，共和国的成长、自由民主思想的传播、现代思想的发展以及国家之间大规模战争的出现都是此次革命的标志性产物。在作为近代一场伟大的民主革命而受到赞扬的同时，法国大革命也因其间所出现的一些暴力专政行为而为人诟病。革命随后导致了拿破仑战争、两次君主制复辟以及两次法国革命。接下来直至1870年，法国在两次共和国政府、君主立宪制政府及帝国政府下交替管治。

历史学家、《旧制度与大革命》的作者托克维尔则认为，1789年法国革命是迄今为止最伟大、最激烈的革命，代表法国的"青春、热情、自豪、慷慨、真诚的年代"。

封建主义

封建主义包括三个方面：一是指封建专制制度，包括政治、经济制度在内的整个社会制度；二是指意识形态；三是指以封建主义思想为指导，为建立或复辟封建专制制度而进行的活动。三者之间相互联系又相互区别，不能等同和混淆。也可以说，封建主义在经济上代表的是地方保护主义和部门主义；在政治上代表的是专制主义和宗法制度；在思想上代表的是纲常伦理、宗法意识和社会生活中的各种落后、愚昧现象、迷信思想和活动。包括制度、活动、思想三方面含义的封建主义，才能称之为完整意义上的封建主义。

个体经济

以生产资料个体所有和个体劳动为基础的经济。如小农经济、小手工业经济、个体商业等。原始社会解体时产生，存在于奴隶社会、封建社会、资本主义社会和社会主义社会，但从来没有成为独立的社会经济形态，而总是从属于占统治地位的经济。具有规模小、经营分散、经济不稳定等特点。在我国，经过社会主义改造，绝大部分个体经济已经转变为社会主义集体经济。但在社会主义国营经济和集体经济占绝对优势的前提下，在法律规定的范围内允许个体经济存在，作为社会主义公有制经济的补充。

工业革命

工业革命，又称产业革命，是指资本主义工业化的早期历程，即资本主义生产完成了从工场手工业向机器大工业过渡的阶段。工业革命是以机器取代人力，以大规模工厂化生产取代个体工场手工生产的一场生产与科技革命。由于机器的发明及运用成为了这个时代的标志，因此，历史学家称这个时代为"机器时代"。

有人认为工业革命在1759年左右已经开始，但直到1830年，它还没有真正蓬勃地展开。大多数观点认为，工业革命发源于英格兰中部地区。1769年，英国人瓦特改良蒸汽机之后，由一系列技术革命引起了从手工劳动向动力机器生产转变的重大飞跃。随后自英格兰扩散到整个欧洲大陆，19世纪传播到北美地区。一般认为，蒸汽机、煤、铁和钢是促成工业革命技术加速发展的四项主要因素。在瓦特改良蒸汽机之前，整个生产所需动力依靠人力和畜力。伴随蒸汽机的发明和改进，工厂不再依河或溪流而建，很多以前依赖人力与手工完成的工作自蒸汽机发明后被机械化生产取代。

工业革命是一般的政治革命不可比拟的巨大变革,其影响涉及人类社会生活的各个方面,使人类社会发生了巨大的变革,对人类的现代化进程的推动起到了不可替代的作用,把人类推向了崭新的蒸汽时代。

共产国际

共产国际,亦称"第三国际",1919年3月2日至6日在列宁的领导下,在莫斯科召开了共产国际第一次代表大会。参加大会的有来自欧、亚、美洲21个国家的35个政党和团体的代表52人,通过了列宁起草的《共产国际宣言》、《共产国际行动纲领》等文件,宣告了共产国际的成立。共产国际在其存在的24年中,共召开过7次代表大会和13次执行委员会全会。共产国际在列宁领导期间,成绩比较显著。1924年1月,列宁去世后,共产国际出现了一些错误。总的来说,共产国际在宣传马克思列宁主义,团结各国无产阶级和被压迫民族,领导和推动无产阶级革命运动,促进亚非拉民族解放运动,反对帝国主义和法西斯主义,促进各国共产党的成长等方面起了重大的作用。

共产主义

共产主义是一种政治思想,主张消灭私有产权,并建立一个各尽所能、按需分配的生产资料公有制（进行集体生产）社会，而且是一个没有阶级制度、国家和政府的社会。在这一体系下，土地和资本财产为公共所有。其主张劳动的差别并不会导致占有和消费的任何不平等，并反对任何特权。在科学共产主义（马克思主义及其各流派）的理论中，它在发展上分两个阶段，初级阶段是社会主义，高级阶段是共产主义。通常所说的共产主义，指共产主义的高级阶段。

按照马克思主义理论（历史唯物主义），资本主义必将为共产主义所取代，这是不以人们的意志为转移的社会发展的历史规律。因随着工业革命后各种机械自动化生产所带来的高生产力，长期而言经济生产所需的人力将愈来愈少，在私有财产制度下绝大多数人将会失业，因此，社会若想继续和平发展就必须进入共产主义，将愈来愈少的工作量分配给各个工作的人，除了为兴趣而自愿长期工作的人之外，基本上多数人可减少许多工作时间就能维持日常生活。共产主义思想在实行上，需要人人有高度发达的集体主义精神，而这就要求社会生产力达到充分的发展和极度的发达。

共产主义社会

共产主义社会是一种社会形态，它是在生产资料公有制的条件下，在高度发达的社会生产力的基础上所实行的一种各尽其职、按需分配的劳动者自由联合的社会经济形态。

后马克思主义

　　后马克思主义的概念自20世纪80年代以来就以一种不太准确和规范的方式被使用着，它并非描述一个学派，而是描述一个趋向。后马克思主义倡导一种偶然的话语逻辑，它主张把意识形态和经济及阶级要素完全剥离开来，然而，对于后马克思主义自身的"发生学"分析，后马克思主义的话语理论却无能为力。后马克思主义不论作为一种思想倾向，还是作为一种确定的理论立场，它的生成、确立和盛行都不是脱离社会文化环境的纯粹话语运作的结果，就像后马克思主义本身不能够完全拒斥马克思主义一样，对后马克思主义社会和思想根源的理论透视也离不开马克思主义的分析方式。后马克思主义之所以在20世纪70年代末至80年代中期孕育成形，有着它特定的社会的、政治的、阶级的、思想以及学理上的源流。

汇率

　　汇率，亦称外汇行市或汇价，是一国货币兑换另一国货币的比率，是以一种货币表示另一种货币的价格。由于世界各国货币的名称不同，币值不一，所以一国货币对其他国家的货币要规定一个兑换率，即汇率。从短期来看，一国的汇率由对该国货币兑换外币的需求和供给所决定。外国人购买本国商品、在本国投资以及利用本国货币进行投机会影响本国货币的需求。本国居民想购买外国产品、向外国投资以及外汇投机会影响本国货币供给。在经济学上，汇率定义为两国货币之间兑换的比例。通常会将某一国的货币设为基准，以此换算他国等金额价值的货币。

汇率的特性在于它多半是浮动的比率。只要货币能够透过汇率自由交换，依交换量的多寡，就会影响隔天的汇率，因此，有人也以赚汇差营利，今日以较低的比率购进某一外币，隔日等到较高的比率出现时，再转手卖出，所以有时汇率也能看出一个国家的经济状况。此外，外汇储备也能看出这个国家的出口贸易状况。

货币

货币是用作交易媒介、储藏价值和记账单位的一种工具，是专门在物资与服务交换中充当等价物的特殊商品。既包括流通货币，尤其是合法的通货，也包括各种储蓄存款。在现代经济领域，货币的领域只有很小的部分以实体通货方式显示，即实际应用的纸币或硬币，大部分交易都使用支票或电子货币。货币区是指流通并使用某一种单一的货币的国家或地区。不同的货币区之间在互相兑换货币时，需要引入汇率的概念。

机会主义

　　机会主义，也称投机主义，指为了达到自己的目标不择手段的做法，突出的表现是不按规则办事，视规则为腐儒之论，其最高追求是实现自己的目标，以结果来衡量一切，而不重视过程。如果它有原则的话，那么它的最高原则就是成王败寇。机会主义也可指工人运动或无产阶级政党内部出现的违背马克思主义根本原则的思潮、路线。它是资产阶级或小资产阶级思想的反映。机会主义有两种表现形式：一种是右倾机会主义，另一种是"左"倾机会主义。

基督

　　基督，基利斯督之简称，来自于希腊语，是亚伯拉罕诸教中的术语，原意是"受膏者"（中东地区肤发易干裂，古代的以色列王即位时必须将油倒在国王的头上，滋润肤发，象征这是神用来拯救以色列人的王，后来转变成救世主的意思），也等同于希伯来语中的名词弥赛亚，意思为"被涂了油的"。在基督教、圣经当中基督是"拿撒勒"主耶稣的专有名字，即"主耶稣基督"。

基督教

　　基督教是一种以新旧约全书为圣经，信仰神和天国的宗教，发源于中东地区。在人类发展史中，基督教扮演着非常重要的角色,中世纪到文艺复兴尤甚。基督徒是相信耶稣为神(天主或称上帝)的圣子、人类的救主(弥赛亚,即基督)的一神论宗教。基督教与伊斯兰教、佛教并列为当今三大世界性宗教。基督教主要有天主教(又称公教会)、希腊正教(又称正教会、东正教)、基督新教(华人俗称基督教)三大派别,以及其他许多规模较小的派别。基督教虽然发源于中东地区,但后来由于阿拉伯帝国和奥斯曼土耳其帝国的兴起、扩张和持续打压,基督教的传播中心逐渐转移至欧洲,并在欧洲发扬光大,并由此传播至远东、美洲、非洲、大洋洲等地。中文语汇的"基督教"一词时常是专指基督新教,这是中文目前的特有现象。基督教徒约有17亿7千万人。天主教徒占其中的52.89%(约10亿人),基督新教占其中的17.63%(约3亿人),而东正教则占其中的10.64%(约2亿人)。

价值

价值,泛指客体对于主体表现出来的积极意义和有用性。可视为是能够公正且适当反映商品、服务或金钱等值的总额。在经济学中,价值是商品的一个重要性质,它代表该商品在交换中能够交换得到其他商品的多少,价值通常通过货币来衡量,称为价格。这种观点中的价值,其实是交换价值的表现。

根据新古典主义经济学(目前比较流行的一种经济学理论),物体的价值就是该物体在一个开放和竞争的交易市场中的价格，因此，价值主要取决于对于该物体的需求，而不是供给。有些经济学者经常把价值等同于价格，不论该交易市场竞争与否。而古典经济学则认为价值和价格并不等同。按照马克思主义政治经济学的观点，价值就是凝结在商品中无差别的人类劳动，即商品价值。马克思还将价值分为使用价值（给予商品购买者的价值）和交换价值（使用价值交换的量）。

价值量

商品的价值量是商品价值的大小，通常是单位价值量。商品的价值量不是由各个商品生产者所耗费的个别劳动时间决定的，而是由社会必要劳动时间决定的。商品是劳动产品，商品的价值是由劳动形成的，因而它的价值量要由生产商品所耗费的劳动时间来衡量。在其他条件不变的情况下，商品的价值量越大，价格越高；商品的价值量越小，价格越低。若其他因素不变，单位商品的价值量与生产该商品的社会劳动生产率成反比。价值决定价格，价格是价值的货币表现，价值是价格的基础。

交换价值

交换价值指的是当一种产品在进行交换时，能换取到其他产品的价值。交换价值在马克思的学说中，是物品借着一种明确的经济关系才能够产生出的价值，也就是说，经济关系乃是交换价值的背景。交换价值只有在一个产品进行交换时，特别是产品作为商品在经济关系中出售及购买时，才具有意义。交换价值的根本属性是产品的使用价值，但是交换价值在商品交易中根据双方需求会发生较大的波动。例如，1升水在平时和旱季，其使用价值是一样的，但是交换价值的变化却很大。

教条主义

教条主义是主观主义的一种表现形式，亦称本本主义。主要特点是从书本的个别定义、词句出发，不从实际出发。无产阶级革命队伍中的教条主义者，不把马克思列宁主义当作行动的指南，而是把它当作僵死的教条和不变的公式，到处生搬硬套。他们不愿做艰苦细致的调查研究工作，不肯动脑分析具体问题，反对理论和实践相结合，脱离实际，脱离群众。用这种思想方法指导工作，会给革命和建设事业带来严重危害。

经济危机

经济危机指的是一个或多个国家经济或整个世界经济在一段比较长的时间内不断收缩（即产生负的经济增长率）。

科学社会主义

科学社会主义是与空想社会主义相对而言的、关于社会主义的科学的理论体系、理论模型与实践模式。科学社会主义是人类一切文明成果的结晶。马克思、恩格斯运用辩证唯物主义的逻辑思维形式，在批判历代空想社会主义的基础上，以历史唯物主义的观点揭示和发现了人类社会发展的规律及当代资本主义经济运动的规律——剩余价值规律。马克思的这两个规律的发现使社会主义从空想变成了科学。科学社会主义是关于无产阶级解放斗争发展规律的科学，是一门政治科学，或者说是一门政治学。

可知论

可知论认为世界是可以为人所认识的，世界上只有尚未被认识的事物，不存在不能认识的事物。一切的唯物主义者都是可知论者，他们坚持物质第一性，意识第二性；彻底的唯心主义者也是可知论者，但他们坚持意识第一性，物质第二性。

空想社会主义

空想社会主义又称乌托邦社会主义，是产生于资本主义生产状况和阶级状况尚未成熟时期的一种社会主义学说，是现代社会主义思想来源之一。空想社会主义者相信在不久的将来可以建立理想的意识形态社会，并为之不懈努力奋斗。这种学说最早见于16世纪托马斯·莫尔的《乌托邦》一书，盛行于19世纪初期的西欧。空想社会主义者认为社会主义的理想社会应该建筑在人类的理性和正义的基础上，而这种社会至今还未出现，是由于人们不认识和不承认的缘故。他们觉得只要有天才掌握了这种思想，并推广开去，就能实现他们心中的理想社会。空想社会主义者反对资本主义，并认为资本主义的剥削制度是由于人类在道德和法律上犯了错误，背弃了人类的本性而产生的。

劳动对象

劳动对象指劳动本身所对应的客体，比如耕作的土地、纺织的棉花等。包括两大类：一是自然界的物质，即未经人类加工过的自然物，如矿藏；一是人类劳动加工过的，用作原材料的产品，如棉花、钢铁等。

劳动力

劳动力，即人的劳动能力，指蕴藏在人体中的脑力和体力的总和。物质资料生产过程是劳动力作用于生产资料的过程。离开劳动力，生产资料本身是不可能创造任何东西的。但是，在物质资料生产过程中，劳动力发挥作用，除了必须具备一定的生产经验和劳动技能或科学文化知识外，还必须具备一定量的生产资料，否则，物质资料生产过程也是不能进行的。劳动者在生产过程中运用自己的劳动力和生产工具，作用于劳动对象，既可以创造出物质财富，也可以不断提高自己的劳动技能。

里昂工人起义

里昂工人起义是指1831年和1834年法国里昂工人反对资本主义剥削压迫的两次武装起义，里昂工人起义推动了法国工人运动的发展，是法国无产阶级作为独立的政治力量登上历史舞台的重要标志之一。与"巴黎公社"、"英国宪章运动"并称"三大工人运动"。

历史唯物主义

历史唯物主义是马克思主义哲学的重要组成部分，也被称为"唯物主义历史理论"或"唯物史观"。历史唯物主义为马克思和恩格斯所创立，以黑格尔的辩证法，结合费尔巴哈的唯物论，去解释人类历史演变的过程，并被列宁、毛泽东等人所发展，被认为是马克思主义的社会历史观和认识、改造社会的一般方法论。因其主要关注的是对历史规律的阐明，因而历史唯物主义可以归入历史哲学，具体地说是一种思辨的历史哲学。

历史唯物主义认为历史发展是客观的和有其特定规律的，其最基本的规律就是生产力决定生产关系，生产关系对生产力有反作用（可能促进或阻碍）。伴随着生产力的发展，人类社会会历经原始社会、奴隶社会、封建社会、资本主义社会、社会主义社会，最终走向共产主义社会。

马克思列宁主义

马克思列宁主义是马克思主义和列宁主义的统称。马克思主义是对马克思和恩格斯的观点和学说的总体称谓，是无产阶级及其政党的十分严整而彻底的世界观，是无产阶级开展解放运动的理论指导，是无产阶级根本利益的科学表现。列宁主义是帝国主义和无产阶级革命时代的马克思主义，是由列宁和他的战友在参加和领导俄国和国际工人运动的实践活动中，在同第二国际机会主义作斗争中，总结无产阶级新的历史经验和科学发展的新成果而形成的。它使无产阶级专政成为现实，使社会主义从科学的理论变成现实的社会制度。

马克思主义

马克思主义是马克思、恩格斯在19世纪工人运动实践基础上创立的理论体系。马克思主义主要以唯物主义角度编写而成。马克思主义理论体系包括三部分，即马克思主义哲学、马克思主义政治经济学、科学社会主义，分别是马克思、恩格斯受德国古典哲学、英国古典政治经济学、法国空想社会主义影响，并在此基础上创立的。马克思主义作为内涵丰富、外延无限的一整套严密的思想体系，我们可以从不同方面对其进行不同的定义。马克思主义从它的创造者、继承人的认识成果上讲，可以定义为：马克思主义是马克思、恩格斯创建的马克思主义者不断加以丰富发展的观点和学说的体系；从它的阶级属性讲，可以定义为：马克思主义是关于无产阶级和人类解放的科学，尤其是关于无产阶级斗争的性质、目的和条件的学说；从它的研究对象讲，可以定义为：马克思主义是一个内容极其丰富的、宏伟的、科学的理论体系，是关于自然、社会和思维发展普遍规律的学说，特别是关于资本主义发展和转变为社会主义，以及社会主义和共产主义发展普遍规律的学说。

马克思主义哲学

马克思主义哲学是关于自然、社会和思维发展的一般规律的科学，是唯物论和辩证法的统一，是唯物论自然观和历史观的统一。它是在继承和发展了德国的古典哲学，英国的古典政治经济学，英国、法国的空想社会主义下形成的马克思主义的三个组成部分之一。马克思主义哲学的主要理论来源是辩证法和唯物论，辩证唯物主义和历史唯物主义是马克思主义哲学的两大组成部分，实践概念是它的基础。

马克思主义政治经济学

马克思主义政治经济学，是马克思主义的重要组成部分。它既是我们从理论高度认识和研究资本主义的经济科学，也是我们进行社会主义经济建设和改革开放的理论指导。马克思主义政治经济学，首先包括马克思创建的政治经济学的基本原理和方法，也包括后来由列宁、毛泽东、邓小平和党中央发展了的经济思想与理论，还包括经济学界以马克思主义为指导研究当代资本主义和社会主义所取得的有关成果。马克思主义政治经济学的基本观点主要包括在马克思的重要著作《资本论》中，在《资本论》中，马克思研究了资本主义经济学的理论和英国历年的经济统计资料，对资本主义经济学理论进行了分析和批判。

七月革命

七月革命，即法国七月革命，是1830年欧洲的革命浪潮的序曲，因为波旁王室的专制统治令经历过法国大革命的法国人民难以忍受，以致法国人群起反抗当时法国国王查理十世的统治。此次革命的成功是维也纳会议后首次在欧洲成功的革命运动，革命鼓励了1830年及1831年欧洲各地的革命运动，表明维也纳会议后，由奥地利帝国首相梅特涅组织的保守力量未能抑制法国大革命后日益上扬的民族主义及自由主义浪潮。

青年黑格尔派

青年黑格尔派，又称黑格尔左派，是在19世纪30年代黑格尔哲学解体过程中产生的激进派，知名成员有布鲁诺·鲍威尔、大卫·施特劳斯、麦克斯·施蒂纳、费尔巴哈等。活动中心在柏林，马克思和恩格斯也曾参加过青年黑格尔派的活动。

人文主义

人文主义是在文艺复兴时期新兴资产阶级反封建反教会斗争中形成的思想体系、世界观或思想武器，也是这一时期资产阶级进步文学的中心思想。它主张一切以人为本，反对神的权威，把人从中世纪的神学枷锁下解放出来。人文主义宣扬个性解放，追求现实人生幸福；追求自由平等，反对等级观念；崇尚理性，反对蒙昧。

商品

商品是一种用于满足购买者欲望和需求的产品。狭义概念中的商品是一种有形的物质产品，区别于无形的服务。就其本身而论，商品能以有形的方式交付给购买者，并且它的所有权也一并由销售者转移给了顾客。例如，苹果是有形的商品，相对而言，理发则是一种无形的服务。

商品拜物教

在马克思主义理论中，商品拜物教是资本主义市场社会中的社会关系的一种形态，其中社会关系体现为一种基于商品或货币的客体关系，主要表现为劳动商品化和异化。"商品拜物教"一词由马克思在《资本论》第一卷（1867年）中首创。马克思之所以用拜物教一词，可以解释为对工业社会"理性"、"科学"心态的嘲讽。在马克思的时代，这个词主要是用来形容原始宗教。商品拜物教意味着如此的原始信仰体系其实还留在现代社会的核心。依他的见解，商品拜物教是私有制在资本主义的社会关系中造成的幻影，它在资本主义社会的主流意识形态中占据中心地位。

社会必要劳动时间

社会必要劳动时间是与"个别劳动时间"相对而言的，指在现有的社会正常的生产条件下，在社会平均的劳动熟练程度和劳动强度下制造某种使用价值所需要的劳动时间。这里的"现有的社会正常的生产条件"是指现时某生产部门的平均生产条件，或大多数商品生产者所具有的生产条件，其中最主要是劳动工具的状况；这里的"平均的劳动熟练程度和劳动强度"是指中等水平或部门的平均劳动熟练程度和劳动强度。如生产一件上衣，各个商品生产者由于设备、技术熟练程度等差别，个别劳动时间从2小时到4小时不等，但一般用3小时的劳动就能生产出来，这3小时就是生产上衣的社会必要劳动时间，它随社会劳动生产率的提高而减少。另外，马克思在分析社会生产各部门之间按比例分配社会总劳动的必要性时，提出另一个意义上的社会必要劳动时间，是指满足社会对某种产品的需要而必须分配到某一部门去的那部分社会劳动时间，如社会需要10万双鞋，每双鞋需平均耗费社会劳动时间1小时，则生产鞋所需的社会必要劳动时间为10万小时。

社会主义

社会主义是一套经济体系和政治理论，主张或提倡公共或以整个社会作为整体，来拥有和控制生产资料（产品、资本、土地、资产等），其管理和分配基于公众利益。其提倡由集体或政府拥有与管理生产工具，分配物资。社会主义分为了诸多流派，从建立合作经济管理结构到废除等级制度以至于自由联合。作为一项政治运动，社会主义的政治哲学主张从改良主义到革命社会主义均有分布。如国家社会主义主张通过推动生产、分配和交换全方位的国有化来实现社会主义；自由社会主义倡导工人传统地控制生产方式，反对国家权力来进行管理；民主社会主义则通过民主化进程来寻求建立社会主义。

现代社会主义理论始于18世纪知识分子与工人阶级发起的批评工业化与私有财产对社会影响的政治运动。早期的空想社会主义者，诸如罗伯特·欧文曾试图建立一个自给自足并脱离资本主义社会的公社；而圣西门则创造了名词socialisme，提倡技术官僚与计划工业的应用。马克思和恩格斯共同设计创造了一个理想的社会制度，通过除去导致不合格与周期性生产过剩的无政府主义和资本主义生产，来允许广泛应用现代科技，从而将经济活动合理化。在19世纪初期，社会主义还只是表明关注社会问题；到了19世纪末期，社会主义已经成为了建立基于社会共有的新体制的推动力，并站到了资本主义的对立面。

社会主义社会

社会主义社会，是一种社会形态，指用马克思主义理论指导，重视社会福利，采用财产公有制的，通常是共产主义政党专政、工人阶级领导的社会。按照马克思主义理论，社会主义社会是资本主义社会向共产主义社会的过渡性社会形态。

生产关系

生产关系是指在物质生产过程中形成的人们之间的社会关系，它集中体现了人们之间的物质利益关系。生产关系的内容包括人们在一定的生产资料所有制基础上形成的、在社会生产总过程中发生的生产、分配、交换和消费的关系。

生产力

生产力，又称"社会生产力"，是人们征服自然、改造自然、获得物质资料的能力。生产力和生产关系是社会生产不可分割的两个方面。生产力包括劳动者、劳动资料和劳动对象三大要素。

生产资料

　　生产资料，也称作生产手段，是马克思主义理论家认定的生产力三要素之一。生产资料主要指劳动者进行生产时所需要使用的资源和工具。一般包括土地、厂房、机器设备、工具、原料，等等。生产资料是生产过程中的劳动资料和劳动对象的总和，它是任何社会进行物质生产所必备的物质条件。

剩余价值

　　根据马克思主义理论，剩余价值是指从劳动者的劳动价值中剥削出来的利润（劳动价值和工资之间的差异），即"劳动者创造的被资产阶级无偿占有的劳动"。剩余价值概念是马克思主义政治经济学的核心概念，马克思主义政治经济学认为资本主义生产的实质就是剩余价值的生产，剩余价值规律是资本主义的基本经济规律，它决定着资本主义的一切主要方面和矛盾发展的全部过程，决定着资本主义生产的高涨和危机，决定着资本主义的发展和灭亡。

使用价值

　　使用价值，是一切商品都具有的共同属性之一。任何物品要想成为商品都必须具有可供人类使用的价值；反之，毫无使用价值的物品是不会成为商品的，使用价值是物品的自然属性。马克思主义政治经济学认为，使用价值是由具体劳动创造的，并且具有质的不可比较性。比如，人们不能说橡胶和香蕉哪一个使用价值更高。使用价值是价值的物质基础，和价值一起，构成了商品二重性。

世界观

世界观，也叫宇宙观，是哲学的朴素形态。世界观是人们对整个世界的总的看法和根本观点。由于人们的社会地位不同，观察问题的角度也不同，因而形成了不同的世界观。哲学是世界观的理论表现形式。世界观的基本问题是精神和物质、思维和存在的关系问题，根据对这两者关系的不同回答，划分为两种根本对立的世界观基本类型，即唯心主义世界观和唯物主义世界观。

私有制

私有制，也叫所有制，是相对于公有制的经济制度，是在这种制度下进行的生产资料个人或集体的排他性占有。私有制是剥削社会（以奴隶社会、封建社会、资本主义、特权主义和专制社会为代表）的基本标志之一。

托拉斯

托拉斯，是较高级的垄断组织形式。指由许多生产同类商品或在生产上有密切关系的企业为了垄断某些商品的产销，从而获得高额利润而组成的大型垄断企业。可分为以金融控制为基础的托拉斯和以企业合并为基础的托拉斯。托拉斯在美国最为普遍，其作用覆盖整个采购、生产、销售过程。

唯物史观

唯物史观即历史唯物主义。

唯物主义

唯物主义即唯物论，是一种哲学理论，肯定世界的基本组成为物质，物质形式与过程是我们认识世界的主要途径，持着"只有事实上的物质才是真实存在的实体"这一种观点，并且被认为是物理主义的一种形式。该理论的基础是，所有的实体（和概念）都是物质的一种构成或者表达，并且，所有的现象（包括意识）都是物质相互作用的结果，在意识与物质之间，物质决定了意识，而意识则是客观世界在人脑中的生理反应，也就是有机物出于对物质的反应。因此，物质是唯一事实上存在的实体。作为对现实世界的一种解释，唯物主义是唯心主义和心灵主义的一个对立面。

唯物主义有机械唯物主义和辩证唯物主义的区别，机械唯物主义认为物质世界是由各个个体组成的，如同各种机械零件组成一个大机器，不会变化；辩证唯物主义认为物质世界永远处于运动与变化之中，是互相影响、互相关联的。机械唯物论的代表人物是费尔巴哈，辩证唯物论的代表人物是马克思、恩格斯和列宁。

唯心主义

唯心主义即唯心论，又译作理念论、观念论，是哲学中对思想、心灵、语言及事物等彼此之间关系的讨论及看法。唯心论秉持世界或现实如同精神或意识，都是根本的存在。唯心论直接相对于唯物论，后者认为世界的基本成分为物质，我们对世界的认识主要是通过物质，并将其视为一种物质形式与过程。唯心论同时也反对现实主义的哲学观，后者认为在人类的认知中，我们对物体的理解与感知，与物体独立于我们心灵之外的实际存在是一致的。

马克思主义哲学则认为唯心论是哲学上的两大基本派别之一，是与唯物论对立的理论体系。唯心论在哲学基本问题上主张精神、意识的第一性，物质的第二性，也就是说，唯心论主张物质依赖意识而存在，物质是意识的产物的哲学派别，并认为可以区分为主观唯心论和客观唯心论两种基本类型。

乌托邦

乌托邦，也称理想乡，无何有之乡（源于《庄子》），是一个理想的群体对社会的构想，名字由托马斯·摩尔的《乌托邦》

一书中所写的完全理想的共和国"乌托邦"而来。意指理想完美的境界，特别是用于表示法律、政府及社会情况。托马斯·摩尔在书中虚构了一个大西洋上的小岛，小岛上的国家拥有完美的社会、政治和法制体系。这个词用来被描述成一种被称为"意向社群"的理想社会和文学虚构的社会。

无产阶级

根据马克思主义理论，无产阶级一词指不拥有生产资本，单纯靠出卖劳动力获取收入的劳动者。马克思主义理论把无产阶级划分为普通无产阶级和下层无产阶级。在实际使用的含义中，近似地等同于近代以来出现的，主要受雇于资本家，依靠雇佣工资生活的工人群体。在马克思的理论中，无产阶级是被资产阶级通过剥削其生产价值和工资之间的差异（剩余价值）以获得利润的对象，因此，其大多在生存水平线上挣扎，教育相对落后（除非有极佳的社会福利），直到难以生存时，便容易铤而走险，当人数够多时，便会起身革命，尝试推翻现有政府及资本家。在社会主义社会，工人阶级已摆脱了被剥削、被压迫的地位，成为掌握国家政权的领导阶级。

小资产阶级

小资产阶级，指占有一定的生产资料或有少量财产的私有者，一般指不受他人剥削，也不剥削别人（或仅有轻微剥削），主要靠自己劳动为生的个体劳动者阶级。它在资本主义社会里是非基本的阶级，亦称为中间等级，主要包括农民、小手工业者、小商人、小业主等。作为劳动者，在思想上倾向于无产阶级；作为私有者，又倾向于资产阶级，极易受资产阶级思想的影响。因此，在反对封建主义的斗争中既具有革命性，同时也存在政治上的动摇性、斗争中的软弱性和革命的不彻底性。随着资本主义的发展，他们不断地向两极分化，大部分破产沦落为无产阶级或半无产阶级，小部分发财上升为资产阶级。

辛迪加

辛迪加，原意是"组合"、"联合"，是垄断组织的一种重要形式，属于低级垄断形式。辛迪加指同一生产部门的少数大企业为了获取高额利润，通过签订共同销售产品和采购原料的协定而建立的垄断组织。

形而上（学）

形而上出自《易经·系辞》，原文为"形而上者谓之道，形而下者谓之器"。用现代的思维讲，形而下就是指具体的器物（可以拓展到感性的事物），形而上就是指比较抽象的规律（包含做人做事的原则）。形而上是精神方面的宏观范畴，用抽象（理性）思维,形而上者道理,起于学,行于理,止于道,故有形而上者谓之道;形而下是物质方面的微观范畴,用具体(感性)思维,形而下者器物,起于教,行于法,止于术,故有形而下者谓之器。

形而上学(metaphysics,意为"物理学之后")是哲学术语,哲学史上指哲学中探究宇宙根本原理的部分。马克思认为形而上学是指与辩证法对立的,用孤立、静止、片面的观点观察世界的思维方式。黑格尔把形而上学作为与辩证法相对立的一种机械教条的研究方法来批判,因此,形而上学也可以被表述成为教条主义。

修正主义

"修正"一词的含义,来源于拉丁文,有"修改、重新审查"的意思。"修正主义"一词,是在共产主义运动中对马克思主义进行歪曲、篡改、否定的一类资产阶级思潮和政治势力,是国际工人运动中打着马克思主义旗号反对马克思主义的机会主义思潮。

一般等价物

一般等价物是从商品中分离出来的,充当其他一切商品的统一价值表现材料的商品。一般等价物的出现,是商品生产和交换发展的必然结果。历史上,一般等价物曾由一些特殊的商品承担,随着社会的进步,黄金和白银成了最适合执行一般等价物职能的货币。货币是从商品中分离出来固定充当一般等价物的特殊商品。

英国工人宪章运动

宪章运动是1838年到1848年发生在英国的一场普通劳动者要求社会政治改革的群众运动,是世界三大工人运动之一。列宁称之为"世界上第一场大规模的劳动阶级运动"。宪章运动的目的是,工人们要求取得普选权,以便有机会参与国家的管理。"普选权问题是饭碗问题",工人阶级希望通过政治变革来提高自己的经济地位。

纸币

纸币,又叫钞票,是指以柔软的物料(通常是特殊的纸张)印制成的特殊货币凭证,通常是由国家发行并强制使用的一种货币符号。纸币本身不具价值,虽然作为一种货币符号,但其不能直接行使价值尺度职能,而是由国家对其面值进行定义。纸币是当今世界各国普遍使用的货币形式,而世界上最早出现的纸币,是中国北宋时期四川成都的"交子"。中国是世界上使用纸币最早的国家。

资本

资本,在经济学意义上,指的是用于生产的基本生产要素,即资金、厂房、设备、材料等物质资源。在金融学和会计领域,资本通常用来代表金融财富,特别是用于经商、兴办企业的金融资产。广义上,资本也可作为人类创造物质和精神财富的各种社会经济资源的总称。

资本主义

　　资本主义，也被称为自由市场经济或自由企业经济，其特色是个人或是企业拥有资本财产，且投资活动是由个人决策左右，而非由国家所控制，一般并没有准确之定义，不同的经济学家也对资本主义有不同的定义。一般而言，资本主义指的是一种经济学或经济社会学的制度，在这样的制度下绝大部分的生产资料都归私人所有，并借着雇佣或劳动的手段以生产资料创造利润。在这种制度里，商品和服务借由货币在自由市场里流通。投资的决定由私人进行，生产和销售主要由公司和工商业控制并互相竞争，依照各自的利益采取行动。

资产阶级

　　资产阶级是指占有社会生产资料并使用雇佣劳动的现代资本家阶级，其本质是以生产资料为手段无偿占有雇佣工人的劳动，是现代社会中的主要剥削阶级。

自然经济

　　自然经济，也叫小农经济，是商品经济的对立面，是私有制经济的一种表现，是存在于市场范围比较小的一种经济形态，是社会生产力水平低下和社会分工不发达的产物。该种经济形态占统治地位的持续时间涵盖原始社会、封建社会以及早期的资本主义社会与半殖民地半封建社会。

宗派主义

宗派主义是指党内存在的一种以宗派利益为出发点的思想和行为，是封建宗派思想、资产阶级、小资产阶级思想在组织上的表现。主要表现为：在个人与党的关系上，把个人放在第一位，把党放在第二位，向党闹独立性；在组织上，任人唯亲，在同志中拉拉扯扯，把资产阶级的庸俗作风搬进党里来；在党内关系上，只强调局部利益，只要民主，不要集中，不遵守个人服从组织、少数服从多数、下级服从上级、全党服从中央的民主集中制原则，进行无原则的派别斗争；在和党外人士的关系上，妄自尊大，骄傲自满，不尊重人家，不学习人家的长处，不愿和人家合作等。

贵金属

贵金属，通常用来指代黄金、白银和白金三种价格昂贵、外表美观、化学性质稳定、具有较强的保值能力的金属，其中黄金的地位尤其重要。在布雷顿森林体系崩溃之前，西方各国货币均与美元挂钩，美元则与黄金挂钩，许多国家都公布本国货币的含金量。20世纪70年代后期，随着世界金融格局的重组和通货膨胀得到缓解，黄金等贵金属的地位有所下降，但仍被视为世界通用的交换媒介和保值工具。

海格特公墓

英国伦敦的公墓，位于英国伦敦北郊的海格特地区，分东西两个部分。西海格特公墓于1839年成立，包括两个都铎风格的教堂，一个古埃及风格的大道和大门（仿造古埃及著名的国王谷建筑），还有哥特风格的墓穴；东海格特公墓于1854年成立，两年后东部也投入运营。马克思及其家人的墓就在于此，公墓还埋葬着英国物理学家和化学家法拉第、小说家乔治·艾略特。

爱德华·伯恩施坦

爱德华·伯恩施坦（1850—1932），是德国社会民主党的著名活动家，他一生的理论和政治活动经历了不同阶段：小资产阶级激进民主主义者，马克思主义者，修正主义者。从1881年初担任党机关报《社会民主党人报》编辑到1895年恩格斯逝世，这15年是伯恩施坦的黄金时代。他是作为一位杜林主义者加入德国社会民主党的，以拉萨尔主义和杜林主义的眼光来看待马克思和马克思主义。在此期间，他在恩格斯的直接关怀和指导下，对于传播马克思主义、反对党内机会主义、揭露和批判统治阶级的反动政策等方面，对党内的建设做出了重大贡献，因此，他在党内和国际工人运动中赢得了很高的声誉。列宁也曾说，伯恩施坦当时是一个"革命的社会民主党人"。1895年8月恩格斯逝世后，伯恩施坦"修正"马克思主义基本原理的倾向开始公开显露出来。1896年至1898年，他在《新时代》上以《社会主义问题》为总题目发表的一组文章，成为他对马克思主义"传统解释"的最初"批判"，成为这一时期对马克思主义公开责难的代表，开启了德国社会民主党内关于什么是马克思主义、如何发展马克思主义的大争论。

爱尔维修

克洛德·阿德里安·爱尔维修（1715—1771），是18世纪法国唯物主义哲学家，法国启蒙思想家。他出生在巴黎一个宫廷医生的家庭，毕业于耶稣会办的专科学校，曾任总报税官。他考察了第三等级的贫困生活和封建贵族的糜烂生活，因而痛恨封建制度。后来，他辞去官职，专心著述，并和思想家狄德罗、霍尔巴赫等人参加了《百科全书》的编辑工作，对封建制度及教会进行了无情的揭露和批判。他的主要著作包括《论精神》和《论人的理智能力和教育》。

奥格斯特·倍倍尔

奥格斯特·倍倍尔（1840—1913），德国社会民主党的主要领导人之一，德国和国际工人运动活动家。1840年2月22日生于普鲁士，1913年8月13日卒于瑞士格尔桑斯。1865年8月结识李卜克内西，在其帮助下成长为社会主义者。1866年同李卜克内西创建萨克森人民党，加入第一国际。次年当选为德国工人协会联合会主席，并促使该会于1868年参加第一国际。1867年当选北德意志联邦议会议员，成为议会中第一个工人代表，坚决反对俾斯麦的"铁血政策"，主张通过自下而上的革命统一德意志。他和李卜克内西于1869年8月共同创建德国社会民主工党（爱森纳赫派），并制定了党纲。

柏拉图

柏拉图（约前427—前347），古希腊伟大的哲学家，也是全部西方哲学乃至整个西方文化最伟大的哲学家和思想家之一。他和老师苏格拉底、学生亚里士多德并称为古希腊三大哲学家。柏拉图出身于雅典贵族家庭，青年时师从苏格拉底。苏格拉底死后，他游历四方，曾到埃及、北非、小亚细亚沿岸和意大利南部从事政治活动，企图实现他的贵族政治理想。公元前387年活动失败后，游历12年的柏拉图逃回雅典，在一所称为阿卡德米的体育馆附近建立了一所学园，此后执教40年，直至逝世。他一生著述颇丰，其教学思想主要集中在《理想国》和《法律篇》中。柏拉图是西方客观唯心主义的创始人，其哲学体系博大精深，对其教学思想影响尤甚。柏拉图认为世界由"理念世界"和"现象世界"所组成。理念的世界是真实的存在，永恒不变，而人类感官所接触到的这个现实的世界，只不过是理念世界的微弱的影子，它由现象所组成，而每种现象是因时空等因素而表现出暂时变动等特征。由此出发，柏拉图提出了一种理念论和回忆说的认识论，并将它作为其教学理论的哲学基础。

保尔·拉法格

保尔·拉法格（1842—1911），法国杰出的马克思主义理论家，法国工人党和第二国际创建人之一。拉法格反对新康德主义和哲学上的修正主义，捍卫和宣传辩证唯物主义和历史唯物主义，拉法格还批判了饶勒斯的修正主义哲学观点。

布鲁诺·鲍威尔

布鲁诺·鲍威尔（1809—1882），德国哲学家，青年黑格尔派代表之一。柏林大学毕业，曾在柏林大学、波恩大学任教，因发表《同观福音作者的福音史批判》而遭解聘，从此退隐。否认福音故事的可靠性以及耶稣其人的存在。将黑格尔的自我意识解释为同自然相脱离的绝对实在，并用它来代替黑格尔的"绝对观念"，宣称"自我意识"是最强大的历史创造力，马克思和恩格斯在《神圣家族》一书中对此予以严厉批判。主要著作还有《福音的批判及福音起源史》、《斐洛、施特劳斯、勒男与原始基督教》等。

但丁

但丁·阿利吉耶里（1265—1321），意大利中世纪诗人，现代意大利语的奠基者，欧洲文艺复兴时代的开拓人物，以史诗《神曲》留名后世。但丁被认为是意大利最伟大的诗人，也是西方最杰出的诗人之一，全世界最伟大的作家之一。恩格斯评价说："封建的中世纪的终结和现代资本主义纪元的开端，是以一位大人物为标志的，这位人物就是意大利人但丁，他是中世纪的最后一位诗人，同时又是新时代的最初一位诗人。"

德谟克利特

德谟克利特（约公元前460—公元前370或公元前356），来自古希腊爱琴海北部海岸的自然派哲学家。德谟克利特是经验的自然科学家和第一个百科全书式的学者，古代唯物思想的重要代表。他是"原子论"的创始者，由原子论入手，他建立了认识论，并在哲学、逻辑学、物理、数学、天文、动植物、医学、心理学、伦理学、教育学、修辞学、军事、艺术等方面，都有所建树。可惜他的大多数著作都散失了，至今只能看到若干残篇断简，这对理解他的思想造成了一定的困难。

德谟克利特的自然科学虽然也有类似实验解剖这样的科学结论，但是他在哲学上的大部分见解都与经验直接相关。他的原子论是受着水汽蒸发以及香味传递等感性直观，依赖哲学思维推测出来的，通过感官的参与，即经验，直接推测了原子论的可能，并由原子论进一步影响认识论等。说他是自然科学家，主要是缘于他对于自然科学起到的奠基作用，但是在哲学领域，他是个彻头彻尾的经验论者，在他那个年代的哲学家鲜有严谨依赖科学思维得出哲学结论的人，这是可想而知的。

笛卡尔

勒内·笛卡尔（1596—1650），生于法国，逝世于瑞典斯德哥尔摩，是法国著名的哲学家、数学家、物理学家。他对现代数学的发展作出了重要的贡献，因将几何坐标体系公式化而被认为是解析几何之父。他还是西方现代哲学思想的奠基人，是近代唯物论的开拓者，并且提出了"普遍怀疑"的主张。他的哲学思想深深影响了之后的几代欧洲人，开拓了所谓的"欧陆理性主义"哲学。黑格尔称他为"现代哲学之父"。笛卡尔堪称17世纪欧洲哲学界和科学界最有影响的巨匠之一，被誉为"近代科学的始祖"。

恩格斯

弗里德里希·冯·恩格斯（1820—1895），德国思想家、哲学家、革命家，全世界无产阶级和劳动人民的伟大导师，马克思主义的创始人之一。恩格斯是卡尔·马克思的挚友，被誉为"第二提琴手"，他为马克思从事学术研究提供了大量经济上的支持。在马克思逝世后,将马克思的大量手稿、遗著整理出版,并且成为国际工人运动众望所归的领袖。

费尔巴哈

路德维希·安德列斯·费尔巴哈(1804—1872),德国哲学家。出生于拜恩州(巴伐利亚)下拜恩区的首府兰茨胡特,死于同一州的纽伦堡,他是德国法学家保罗·约翰·安塞姆里特·冯·费尔巴哈的第四个儿子。费尔巴哈对基督教的批判在社会上产生了很大影响,他的某些观点在德国教会和政府的斗争中被一些极端主义者接受。他对卡尔·马克思的影响也很大,虽然马克思并不赞同他观点中的机械论,马克思曾写过《费尔巴哈提纲》,批判他形而上学的唯物主义观点。费尔巴哈的主要著作有《黑格尔哲学批判》和《基督教的本质》等。

费希特

约翰·戈特利布·费希特(1762—1814),德国哲学家。尽管他是自康德的著作发展开来的德国唯心主义哲学的主要奠基人之一,但他在西方哲学史上的重要性往往被轻视了。费希特往往被认为是连接康德和黑格尔两人哲学间的过渡人物。近些年来,由于学者们注意到他对自我意识的深刻理解而重新认识到他的地位。和在他之前的笛卡尔和康德一样,对于主观性和意识的问题激发了他的许多哲学思考。费希特的一些观点也涉及了政治哲学，因此，他被一些人认为是德国国家主义之父。

弗洛伊德

西格蒙德·弗洛伊德（1856—1939），犹太人，奥地利精神病医生及精神分析学家，精神分析学派的创始人，此学派被称为"维也纳第一精神分析学派"，以区别于后来由此演变出的第二及第三学派。著有《性学三论》、《梦的解析》、《图腾与禁忌》、《日常生活的心理病理学》、《精神分析引论》、《精神分析引论新编》等。提出"潜意识"、"自我"、"本我"、"超我"、"俄狄浦斯情结"、"性冲动"、"心理防卫机制"等概念。其成就对哲学、心理学、美学，甚至社会学、文学等都有深刻的影响，被世人誉为"精神分析之父"。但他的理论诞生至今，却一直饱受争议。

伏尔泰

伏尔泰（1694—1778），原名弗朗索瓦·马利·阿鲁埃，伏尔泰是他的笔名。法国启蒙时代思想家、哲学家、文学家，启蒙运动公认的领袖和导师。伏尔泰是18世纪法国资产阶级启蒙运动的旗手，被誉为"法兰西思想之王"、"法兰西最优秀的诗人"、"欧洲的良心"。他不仅在哲学上有卓越成就，也以捍卫公民自由，特别是信仰自由和司法公正而闻名。尽管在他所处的时代，审查制度十分严厉，伏尔泰仍然公开支持社会改革。他的论说以讽刺见长，常常抨击天主教教会的教条和当时的法国教育制度。伏尔泰的著作和思想与托马斯·霍布斯及约翰·洛克一道，对美国革命和法国大革命的主要思想家都有影响。

傅立叶

夏尔·傅立叶（1772—1837），法国著名哲学家，经济学家，空想社会主义者。出身于商人家庭的傅立叶批评当时资本主义社会的一些丑恶现象，希望建立一种以法伦斯泰尔为基层组织的社会主义社会，在这里个人利益和集体利益是一致的。他还揭露资本主义的罪恶，主张建立一个社会主义社会，但他幻想通过宣传和教育来实现这一目的。他还强调妇女解放，提出妇女解放的程度是人民是否彻底解放的准绳。

海德格尔

马丁·海德格尔（1889—1976），德国哲学家，20世纪存在主义哲学的创始人和主要代表之一。出生于德国西南巴登邦弗赖堡附近的梅斯基尔希的天主教家庭，逝于德国梅斯基尔希。他在现象学、存在主义、解构主义、诠释学、后现代主义、政治理论、心理学及神学领域都有举足轻重的影响。此外，他还著有

《存在与时间》一书，本书深深影响了20世纪哲学，尤其是存在主义、解释学和解构主义。

黑格尔

格奥尔格·威廉·弗里德里希·黑格尔（1770—1831），德国哲学家，出生于德国西南部巴登-符腾堡州首府斯图加特。18岁时，他进入蒂宾根大学学习，在那里，他与荷尔德林、谢林成为朋友，同时，为斯宾诺莎、康德、卢梭等人的著作和法国大革命深深吸引。许多人认为，黑格尔的思想，象征着19世纪德国唯心主义哲学运动的顶峰，对后世哲学流派，如存在主义和马克思的历史唯物主义都产生了深远的影响。更有甚者，由于黑格尔的政治思想兼具自由主义与保守主义两者之要义，因此，对于那些因看到自由主义在承认个人需求、体现人的基本价值方面的无能为力，而觉得自由主义正面临挑战的人来说，他的哲学无疑是为自由主义提供了一条新的出路。1807年，黑格尔出版了第一部作品《精神现象学》。《精神现象学》是一段伟大的概念旅程，带领我们从最基本的人类意识概念，走向最包罗万象而复杂的人类意识概念。

霍布斯

托马斯·霍布斯（1588—1679），英国的政治哲学家，创立了机械唯物主义的完整体系，认为宇宙是所有机械地运动着的广延物体的总和。他提出"自然状态"和国家起源说，认为国家是人们为了遵守"自然法"而订立契约所形成的，是一部人造的机器人，当君主可以履行该契约所约定的保证人民安全的职责时，人民应该对君主完全忠诚。他于1651年出版的《利维坦》一书，为之后所有的西方政治哲学发展奠定了根基。霍布斯的思想对其后的约翰·洛克、孟德斯鸠和让·雅克·卢梭有深刻影响，但同时他的社会契约理论与绝对君主思想又有其独特性。

基佐

弗朗索瓦·皮埃尔·吉尧姆·基佐（1787—1874），法国政治家、历史学家，他在1847年到1848年间任法国首相，是法国第二十二位首相。他是保守派人士，在任期间，他未能留心民间的疾苦，对内主张实行自由放任政策；对外则主张成立法比关税同盟，以对抗当时的德意志关税同盟，但这些措施均引起国内和国外的不满。1848年的二月革命，路易·菲利普的七月王朝被推翻，基佐也因而下台。他著有《英国革命史》、《欧洲文明史》、《法国文明史》等著作。

卡尔·考茨基

卡尔·考茨基（1854—1938），社会民主主义活动家，亦是马克思主义发展史中的重要人物。考茨基是卡尔·马克思代表作《资本论》第四卷的编者，是19世纪末德国社会民主党内最主要的领导人之一。

康德

伊曼努尔·康德（1724—1804），德国哲学家、天文学家，是星云假说的创立者之一、德国古典哲学的创始人、唯心主义者、不可知论者，德国古典美学的奠定者。他被认为是现代欧洲最具影响力的思想家之一，也是启蒙运动最后一位主要哲学家。康德哲学理论的一个基本出发点是认为将经验转化为知识的理性是人与生俱来的，没有先天的范畴我们就无法理解世界。他的这个理论结合了英国经验主义与欧陆的理性主义，对德国唯心主义与浪漫主义影响深远。

康德的一生可以以1770年为标志分为前期和后期两个阶段，前期主要研究自然科学，后期则主要研究哲学。前期的主要成果有1755年发表的《自然通史和天体论》，其中提出了太阳系起源的星云假说。在后期，从1781年开始的9年里，康德出版了一系列涉及领域广阔、有独创性的伟大著作，给当时的哲学思想带来了一场革命，它们包括《纯粹理性批判》（1781年）、《实践理性批判》（1788年）和《判断力批判》（1790年）。"三大批判"的出版标志着康德哲学体系的完成。三大批判分别探讨了认识论、伦理学以及美学。

政治上，康德是一名自由主义者，他支持法国大革命以及共和政体，在1795年他还出版过《论永久和平》一书，提出议制政府与世界联邦的构想。其生前最后一本有代表性的著作是《人类学》（1798年），一般认为该书是对整个学说的概括和总结。康德晚年已经以一名出色的哲学家闻名于世，他去世后，人们为他举行了隆重的葬礼。

孔德

奥古斯特·孔德（1798—1857）是法国著名的哲学家，社会学、实证主义的创始人。1817年8月，他成为著名的乌托邦社会主义者圣西门的秘书。1830年，《实证主义教程》第一卷出版，稍后其他各卷（共四卷）陆续出版。1842年出版的第四卷中，正式提出"社会学"这一名称，并建立起社会学的框架和构想。1844年孔德遇到对其理论发生重大影响的德克洛蒂尔德·德沃。受德沃影响，孔德创立"人道教"，并成立了具有宗教色彩的"实证主义学会"。整个19世纪，值得一提的法国社会学家屈指可数，但作为实证主义的创始人，奥古斯特·孔德被称为社会学之父当之无愧。他创立的实证主义学说是西方哲学由近代转入现代的重要标志之一。

列宁

列宁（1870—1924），原名弗拉基米尔·伊里奇·乌里扬诺夫，列宁是他的笔名。列宁是无产阶级革命家、政治家、思想家、理论家，布尔什维克党创立者、苏联缔造者，任苏联人民委员会主席。他继承和发展了马克思主义，形成了列宁主义理论。他被全世界共产主义者广泛认同为"全世界无产阶级和劳动人民的伟大革命导师和领袖"，也被世人认为是20世纪最伟大的人物之一。俄罗斯国家电视台2008年进行了一项关于国内最伟大历史人物的网上民意调查评选活动，经过统计，列宁位列第六，位于亚历山大·涅夫斯基、斯托雷平、斯大林、普希金、彼得大帝之后。

卢梭

让·雅克·卢梭（1712—1778），启蒙时代瑞士裔的法国思想家、哲学家、政治理论家和作曲家，是18世纪法国大革命的思想先驱，启蒙运动最卓越的代表人物之一。其论文《科学和艺术的进步对改良风俗是否有益》及《论人类不平等的起源与基础》确定了他在哲学史上的地位；他的《社会契约论》的人民主权及民主政治哲学思想深刻影响了启蒙运动、法国大革命和现代政治、哲学和教育思想。此外，他还著有《爱弥儿》、《忏悔录》、《新爱洛伊斯》、《植物学通信》等著作。

罗莎·卢森堡

罗莎·卢森堡（1871—1919），国际共产主义运动史上杰出的马克思主义思想家、理论家、革命家，德国社会民主党和第二国际左派领袖，被列宁誉为"革命之鹰"。在反对资本主义、修正主义和帝国主义世界大战的暴风骤雨中，始终英勇斗争，不畏强暴，展现了高度的革命乐观主义精神。1871年3月5日，出生于俄国占领下的波兰扎莫希奇的一个犹太人家庭，她原是波兰立陶宛王国社会民主党理论家。1898年移居德国柏林，并加入德国社会民主党，是党内的社会民主理论家。1914年，当德国社会民主党宣布支持德国参与第一次世界大战时，她和卡尔·李卜克内西合作成立马克思主义革命团体"斯巴达克同盟"，与社民党内以艾伯特为代表的右倾势力斗争。该组织于1919年1月1日转为德国共产党。1918年11月，在德国革命期间，她创办了《红旗报》，作为左翼的中央机构。1915年—1918年间被多次关押。罗莎·卢森堡起草了德国共产党党纲。她认为1919年1月柏林的斯巴达克起义是一个错误，但起义开始后她还是加以支持。当起义被自由军团镇压时，卢森堡、李卜克内西与其他数百位支持者被逮捕，遭到严刑拷打并被杀害。

洛克

约翰·洛克（1632—1704），英国哲学家，经验主义的开创人，同时也是第一个全面阐述宪政民主思想的人，在哲学以及政治领域都有重要影响。洛克的第一本主要著作是《论宽容》，而洛克最知名的两本著作则分别是《人类理解论》和《政府论》。洛克的思想对于后代政治哲学的发展产生了巨大影响，并且被广泛视为是启蒙时代最具影响力的思想家和自由主义者。他的著作也大大影响了伏尔泰和卢梭，以及许多苏格兰启蒙运动的思想家和美国开国元勋。他的理论被反映在美国的《独立宣言》上。洛克的精神哲学理论通常被视为是现代主义中"本体"以及自我理论的奠基者，也影响了后来大卫·休谟、让·雅各·卢梭与伊曼努尔·康德等人的著作。洛克是第一个以连续的"意识"来定义自我概念的哲学家，他也提出了心灵是一块"白板"的假设。与笛卡尔和基督教哲学不同的是，洛克认为人生下来是不带有任何记忆和思想的。

马丁·路德

马丁·路德（1483—1546），宗教改革运动的发起人。他本来是罗马公教奥斯定会的会士、神学家和神学教授。为了坚决抗议罗马天主教会，他发动了一场宗教改革运动。他的改革终止了中世纪罗马公教教会在欧洲的独一地位。他翻译的路德圣经迄今为止仍是最重要的德语圣经译作。2005年11月28日，德国电视二台投票评选最伟大的德国人，路德名列第二位，仅次于康拉德·阿登纳。

马克思

卡尔·亨利希·马克思（1818—1883），马克思主义的创始人，第一国际的组织者和领导者，全世界无产阶级和劳动人民的伟大导师、政治家、哲学家、经济学家、革命理论家。主要著作有《资本论》、《共产党宣言》。他是无产阶级的精神领袖，是当代共产主义运动的先驱，支持他理论的人被视为马克思主义者。马克思最广为人知的哲学理论是他对于人类历史进程中阶级斗争的分析。他认为几千年以来，人类发展史上最大的矛盾与问题就在于不同阶级之间的利益掠夺。依据历史唯物论，马克思曾大胆地假设，资本主义终将被共产主义所取代。

孟德斯鸠

查理·路易·孟德斯鸠（1689—1755），法国启蒙思想家，社会学家，是西方国家学说和法学理论的奠基人。1748年他出版了《论法的精神》，全面分析了三权分立的原则。伏尔泰夸赞这本篇幅巨大、包罗万象的著作是"理性和自由的法典"。

尼采

弗里德里希·威廉·尼采（1844—1900），德国著名哲学家，西方现代哲学的开创者，同时也是卓越的诗人和散文家，他的著作对于宗教、道德、现代文化、哲学，以及科学等领域提出了广泛的批判和讨论。他的写作风格独特，经常使用格言和悖论的技巧。尼采对于后代哲学的发展影响极大，尤其是在存在主义与后现代主义上。他最早开始批判西方现代社会，然而他的学说在他的时代却没有引起人们的重视，直到20世纪，才激起深远的调门各异的回声。后来的生命哲学、存在主义、弗洛伊德主义、后现代主义，都以各自的形式回应尼采的哲学思想。尼采著有《悲剧的诞生》、《查拉图斯特拉如是说》、《偶像的黄昏》等著作。

欧文

罗伯特·欧文（1771—1858），英国乌托邦社会主义者，也是一位企业家、慈善家。欧文在历史上第一次揭示了无产阶级贫困的原因，并从生产力的角度提出公有制与大生产的紧密关系，他晚年还提出过共产主义主张。他最著名的著作为《新社会观》、《新道德世界书》。罗伯特·欧文是历史上第一个创立学前教育机关（托儿所、幼儿园）的教育理论家和实践者。教育与生产劳动相结合，是欧文对人类教育理论宝库的一大贡献。他认为，要培养智育、德育、体育全面发展的一代新人，必须把教育与生产劳动结合起来。

培根

弗朗西斯·培根（1561—1626），英国哲学家、思想家、作家和科学家，是古典经验论的始祖。他不但在文学、哲学上多有建树，在自然科学领域里，也取得了重大成就。培根是一位经历了诸多磨难的贵族子弟，复杂多变的生活经历丰富了他的阅历，随之而来的是他的思想成熟，言论深邃，富含哲理。他是一位理性主义者而不是迷信的崇拜者，是一位经验论者而不是诡辩学者；在政治上，他是一位现实主义者而不是理论家。他在逻辑学、美学、教育学方面也提出许多思想。他著有《新工具》、《论说随笔文集》等著作，此外，他还有许多名言为众人所知，"知识就是力量"就是其中最著名的一句名言。

普列汉诺夫

格奥尔基·瓦连廷诺维奇·普列汉诺夫（1856—1918），俄国马克思主义先驱，俄国社会民主工党总委员会主席。他早年是民粹主义者，在1883年后的20年间是俄国马克思主义政党的创始人和领袖之一，是最早在俄国和欧洲传播马克思主义的思想家，也是俄国和国际工人运动的著名活动家，十分受列宁尊敬。

普罗泰戈拉

普罗泰戈拉（约公元前490—约公元前420），公元前5世纪希腊哲学家，智者派的主要代表人物。他出生在阿布德拉城，多次来到当时希腊奴隶主民主制的中心雅典，与民主派政治家伯里克利结为挚友，曾为意大利南部的雅典殖民地图里城制定过法典。

一生旅居各地，收徒传授修辞和论辩知识，是当时最受人尊敬的"智者"。普罗泰戈拉留传下来的最主要的哲学名言就是在《论真理》中说的，"人是万物的尺度，存在时万物存在，不存在时万物不存在。"

塞利格曼

马丁·塞利格曼（1942—），美国心理学家，主要从事习得性无助、抑郁、乐观主义、悲观主义等方面的研究。曾获美国应用与预防心理学会的荣誉奖章，并由于他在精神病理学方面的研究而获得该学会的终身成就奖。1998年当选为美国心理学会主席。

圣西门

克劳德·昂列·圣西门（1760—1825），法国哲学家、经济学家、社会改革家、空想社会主义者。与实证主义创始人奥古斯特·孔德相熟，曾聘其为秘书。圣西门出身贵族，曾参加法国大革命，还参加过北美独立战争。他抨击资本主义社会，致力于设计一种新的社会制度，并花掉了他的全部家产。在他所设想的社会中，人人劳动，没有不劳而获，没有剥削，没有压迫。圣西门一生写了许多著作，但直到1825年4月发表的《新基督教》这部圣西门最后的著作，才标志着他创建的空想社会主义大厦的完成。

叔本华

亚瑟·叔本华（1788—1860），德国著名哲学家，他继承了康德对于现象和物自体之间的区分。不同于他同代的费希特、谢林、黑格尔等取消物自体的做法，他坚持物自体，并认为它可以通过直观而被认识，将其确定为意志。意志独立于时间、空间，所有理性、知识都从属于它，人们只有在审美的沉思时才能逃离其中。叔本华将他著名的极端悲观主义和此学说联系在一起，认为意志的支配最终只能导致虚无和痛苦。他对心灵屈从于器官、欲望和冲动的压抑、扭曲的理解预言了精神分析学和心理学。他的代表著作有《作为意志和表象的世界》等。

苏格拉底

苏格拉底（公元前469—公元前399），古希腊著名的思想家、哲学家、教育家，他和他的学生柏拉图，以及柏拉图的学生亚里士多德被并称为"古希腊三贤"，更被后人广泛认为是西方哲学的奠基者。身为雅典的公民，据记载，苏格拉底最后被雅典法庭以引进新的神和腐蚀雅典青年思想之罪名判处死刑。尽管他曾获得逃亡雅典的机会，但苏格拉底仍选择饮下毒堇汁而死，因为他认为逃亡只会进一步破坏雅典法律的权威，同时也是因为担心他逃亡后雅典将再没有好的导师可以教育人们了。

维柯

乔瓦尼·巴蒂斯塔·维柯（1668—1744）是一名意大利政治哲学家、修辞学家、历史学家和法理学家。他为古老风俗辩护，批判了现代理性主义，并以巨著《新科学》闻名于世。

谢林

弗里德里希·威廉·约瑟夫·冯·谢林（1775—1854），德国哲学家。谢林是德国唯心主义发展中期的主要人物，处在费希特和黑格尔之间。谢林的自然哲学受到了浪漫派大诗人歌德的欣赏，也得到了德国自然科学的欢迎。

亚当·斯密

亚当·斯密（1723—1790），苏格兰哲学家和经济学家，是经济学的主要创立者。他所著的《国富论》成为了第一本试图阐述欧洲产业和商业发展历史的著作。这本书发展出了现代的经济学学科，也提供了现代自由贸易、资本主义和自由意志主义的理论基础。

亚里士多德

亚里士多德（公元前384—公元前322），古希腊斯吉塔拉人，世界古代史上最伟大的哲学家、科学家和教育家之一。是柏拉图的学生，亚历山大大帝的老师。公元前335年，他在雅典办了一所叫吕克昂的学校,被称为逍遥学派。马克思曾称亚里士多德是古希腊哲学家中最博学的人物,恩格斯称他是古代的黑格尔。作为一位最伟大的、百科全书式的科学家,亚里士多德对世界的贡献无人可比。他对哲学的几乎每个学科都作出了贡献。他的写作涉及伦理学、形而上学、心理学、经济学、神学、政治学、修辞学、自然科学、教育学、诗歌、风俗,以及雅典宪法。

伊壁鸠鲁

伊壁鸠鲁(公元前341—公元前270),古希腊哲学家、无神论者,伊壁鸠鲁学派的创始人。伊壁鸠鲁成功地发展了阿瑞斯提普斯的享乐主义,并将之与德谟克利特的原子论结合起来。他的学说的主要宗旨就是要达到不受干扰的宁静状态。

伊壁鸠鲁的学说和苏格拉底及柏拉图最大的不同在于,前者强调远离责任和社会活动。伊壁鸠鲁认为,最大的善来自快乐,没有快乐就没有善。快乐包括肉体上的快乐,也包括精神上的快乐。伊壁鸠鲁区分了积极的快乐和消极的快乐,并认为消极的快乐拥有优先的地位,它是"一种厌足状态中的麻醉般的狂喜"。同时,伊壁鸠鲁强调,在我们考量一个行动是否有趣时,我们必须同时考虑它带来的副作用。在追求短暂快乐的同时,也必须考虑是否可能获得更大、更持久、更强烈的快乐。他还强调,肉体的快乐大部分是强加于我们的,而精神的快乐则可以被我们所支配，因此交朋友、欣赏艺术等也是一种乐趣。

伊壁鸠鲁悖论是其著名遗产之一。伊壁鸠鲁也同意德谟克利特的有关"灵魂原子"的说法，认为人死后，灵魂原子离肉体而去，四处飞散，因此人死后并没有生命。他说："死亡和我们没有关系，因为只要我们存在一天，死亡就不会来临，而死亡来临时，我们也不再存在了。"伊壁鸠鲁认为对死亡的恐惧是非理性的，因为对自身死亡的认识是对死亡本身的无知。

《1844年经济学哲学手稿》

《1844年经济学哲学手稿》是卡尔·马克思在年轻时代为了总结自己的思想和弄清思考的问题而写的一个未完成的手稿，由三个部分组成，这是一部研究政治经济学和哲学的著作。该手稿中，马克思根据当时情况，对一系列德国的古典哲学（包括黑格尔的辩证法、费尔巴哈的唯物论）、英国的古典政治经济学（亚当·斯密）以及法国的空想社会主义进行批判性整合。该手稿可以反映出马克思已经完全脱离了黑格尔的理论。

《德法年鉴》

《德法年鉴》是德国"第一个社会主义的刊物"。1844年2月底只在巴黎用德文出版了1—2期合刊号，主编是阿·卢格和马克思。由于当时卢格患病，这一期合刊主要是由马克思编辑的。

这期合刊包括卢格写的《德法年鉴》计划、杂志撰稿人之间的8封通信、马克思的著作《〈黑格尔法哲学批判〉导言》和《论犹太人问题》、恩格斯的著作《政治经济学批判大纲》和《英国状况》，以及其他人写的三篇文章、两首诗、一份官方判决书和编后记《刊物的展望》。马克思和恩格斯在《德法年鉴》上发表的文章表明，他们最终完成了从革命民主主义向共产主义的转变。

《德意志意识形态》

《德意志意识形态》是一本哲学巨著文本，于1845年由马克思和恩格斯合著，于1932年在莫斯科出版。在1847年，《德意志意识形态》的部分内容在《威斯特伐里亚汽船》杂志8月和9月号发表过。本书第一次系统阐述了历史唯物主义的基本原理，如社会存在决定社会意识、生产方式在社会生活中起决定作用、生产关系必须适合生产力的发展等，标志着马克思主义哲学的成熟。此外，本书还批判地分析了当时的费尔巴哈、鲍威尔及施蒂纳的唯心主义历史观，批判了真正的社会主义或德国社会主义的各种代表哲学观点，表达了对科学社会主义的认识。

《反杜林论》

《反杜林论》是恩格斯于1876年5月底至1878年7月初的著作，是一部伟大的马克思主义著作，是马克思主义发展史上的一座丰碑。

《共产党宣言》

《共产党宣言》是无产阶级革命导师马克思、恩格斯受"共产主义者同盟"1847年12月伦敦第二次代表大会的委托，于1847年11月—1848年1月间共同撰写的关于科学共产主义的第一个纲领性文献。它是国际共产主义运动的第一个纲领性文献，是一部划时代的光辉文献。《共产党宣言》以辩证唯物主义与历史唯物主义为理论基础，以阶级斗争为线索，解剖了资本主义制度，阐明了资本主义的发生、发展和必然灭亡的客观规律；阐明了无产阶级作为资本主义掘墓人和共产主义创建者的伟大历史使命；论证了无产阶级革命和无产阶级专政是无产阶级获得解放的唯一道路；批判了打着社会主义招牌的同科学共产主义相对立的各种流派的所谓理论；奠定了无产阶级政党的学说，并确立了党的战略、策略、原则。

《关于费尔巴哈的提纲》

《关于费尔巴哈的提纲》写于1845年春，马克思生前未发表过。最早发表于1888年，恩格斯在《路德维希·费尔巴哈和德国古典哲学的终结》的序言中称这个文件为"关于费尔巴哈的提纲"，并作为该书的附录首次发表。它被恩格斯称为"包含着新世界观的天才萌芽的第一个文件"，"历史唯物主义的起源"。《关于费尔巴哈的提纲》和《德意志意识形态》一起被公认为是马克思主义哲学，特别是唯物史观创立的基本标志。

《路德维希·费尔巴哈和德国古典哲学的终结》

《路德维希·费尔巴哈和德国古典哲学的终结》是恩格斯为论述马克思主义哲学同德国古典哲学的关系，阐明马克思主义哲学基本原理而写的一部重要的哲学著作。写于1886年，同年发表在德国社会民主党理论杂志《新时代》的第4—5期上。1888年出版单行本。20世纪20年代末30年代初传入中国，曾出版过林超真、彭嘉生、张仲实等人的6种译本。这本著作全面论述了马克思主义哲学和黑格尔、费尔巴哈哲学之间的批判继承关系，系统阐述了辩证唯物主义和历史唯物主义的基本原理，具体说明了马克思主义哲学产生的理论来源和自然科学基础，深刻分析了马克思主义哲学在哲学领域中革命变革的实质。

《前进报》

德国社会主义工人党中央机关报，1876年10月1日创刊。1875年5月召开的德国社会民主党和全德工人联合会哥达合并大会决定，两派的机关报暂时并列为新成立的社会主义工人党的机关报。

《人权宣言》

《人权宣言》，1789年8月26日颁布，是在法国大革命时期颁布的纲领性文件。《人权宣言》以美国的《独立宣言》为蓝本，采用18世纪的启蒙学说和自然权论，宣布自由、财产、安全和反抗压迫是天赋不可剥夺的人权，肯定了言论、信仰、著作和出版自由，阐明了司法、行政、立法三权分立，法律面前人人平等，私有财产神圣不可侵犯等原则。

《唯物主义和经验批判主义》

《唯物主义和经验批判主义》是列宁批判经验批判主义哲学思潮、阐述辩证唯物主义认识论的重要著作。1908年2月—10月在日内瓦和伦敦写成，1909年5月由莫斯科"环节"出版社出版。这部著作在国际上得到了广泛的传播，先后被译为20多种文字。它对中国思想界也有很大的影响，1930年，笛秋和朱铁笙第一次将它译成中文，由上海明日书店出版发行。

《政治经济学批判大纲》

《政治经济学批判大纲》是恩格斯的第一篇经济学著作。写于1843年底至1844年1月，1844年2月发表在《德法年鉴》上。中译本收入人民出版社1956年出版的《马克思恩格斯全集》第1卷。研究了资本主义社会经济制度和资产阶级政治经济学的基本范畴，论述了消灭私有制的必要性，对社会主义革命作了初步论证，是马克思主义发展史上第一篇经济学著作。

《资本论》

《资本论》是马克思的著作，以唯物史观的基本思想为指导，通过深刻分析资本主义生产方式，揭示了资本主义社会发展的规律，同时也使唯物史观得到了科学的验证和进一步的丰富发展。《资本论》运用唯物史观的观点和方法，将社会关系归结为生产关系，将生产关系归结于生产力的高度，从而证明了社会形态的发展是一个不以人的意志为转移的自然历史过程。

《自然辩证法》

《自然辩证法》是德国哲学家弗里德里希·恩格斯一部尚未完成的著作，是恩格斯多年来对自然科学研究的总结。对19世纪中期的主要自然科学成就用辩证唯物主义的方法进行了概括，并批判了自然科学中的形而上学和唯心主义的观念。在恩格斯去世后，1896年发表了其中一篇论文《劳动在从猿到人转变过程中的作用》，1898年发表了其中另一篇论文《神灵世界中的自然科学》，直到1925年才在前苏联出版的德文和俄文译本对照的《马克思恩格斯文库》中全文发表。